O GUIA DO GURU PREGUIÇOSO

CB020060

LAURENCE SHORTER

O GUIA DO GURU PREGUIÇOSO

A ARTE DE CONQUISTAR MAIS FAZENDO MENOS

LAURENCE SHORTER

ILUSTRAÇÕES DE MAGALI CHARRIER

Tradução
Nina Lua

1ª edição

BestSeller

Rio de Janeiro | 2016

CIP-BRASIL. CATALOGAÇÃO NA PUBLICAÇÃO
SINDICATO NACIONAL DOS EDITORES DE LIVROS, RJ

S562g

Shorter, Laurence, 1970-
O guia do guru preguiçoso: a arte de conquistar mais fazendo menos / Laurence Shorter; ilustração Magali Charrier; tradução Nina Lua. – 1ª ed. - Rio de Janeiro: Best*Seller*, 2016.
256 p. : il.

Tradução de: The Lazy Guru
ISBN 978-85- 465-0007- 9

1. Técnicas de autoajuda. 2. Autorrealização (Psicologia). I. Charrier, Magali. II. Lua, Nina. III.

16-34975   CDD: 158.1
                                                       CDU: 159.947

Texto revisado segundo o novo Acordo Ortográfico da Língua Portuguesa.
Título original
THE LAZY GURU
Ilustrações de Magali Charrier

Capa e editoração eletrônica: Ba Silva

Direitos exclusivos de publicação em língua portuguesa para o Brasil adquiridos pela
EDITORA BEST SELLER LTDA.
Rua Argentina, 171, parte, São Cristóvão
Rio de Janeiro, RJ – 20921-380
que se reserva a propriedade literária desta tradução

Impresso no Brasil

ISBN 978-85- 465-0007- 9

Seja um leitor preferencial Record.
Cadastre-se e receba informações sobre nossos lançamentos e nossas promoções.

Atendimento e venda direta ao leitor
mdireto@record.com.br ou (21) 2585-2002

BEM-VINDO

Este é um livro sobre

como conquistar MAIS fazendo MENOS.

Trata-se de uma forma de enxergar o mundo

AO CONTRÁRIO

do modo tradicional, que nos mantém estressados

e atarefados.

SEU GUIA SERÁ O GURU PREGUIÇOSO

UM SER PACÍFICO QUE VIVE PERTO DE UM RIOZINHO EM UM CANTO SECRETO DA SUA ALMA.

QUANDO TERMINAR DE LER,
VOCÊ ENTENDERÁ COMO
REALIZAR SUAS TAREFAS
SEM ESTRESSE OU ANSIEDADE...

COMO RESOLVER SEUS PROBLEMAS
DE UM JEITO DIFERENTE.

ENTÃO RELAXE E SE DEIXE LEVAR EM UMA VIAGEM PELA TERRA DO GURU PREGUIÇOSO...

SER "PREGUIÇOSO"
É UM CONCEITO CRIADO
HÁ MILHARES DE ANOS
PELAS RELIGIÕES E
FILOSOFIAS
DO EXTREMO ORIENTE.

É O QUE OS SÁBIOS CHINESES CHAMAM DE **WU-WEI**, OU...

... é uma forma DE ENCARAR a vida,

um modo de se Relacionar com todas

as PRESSÕES e os ESTRESSES...

UM ESTADO DE FLUXO

EM QUE O CORPO FICA RELAXADO.

E A ATENÇÃO FICA CONCENTRADA.

ESTAR EM FLUXO NÃO É COMPLICADO:
TODO MUNDO NASCE COM A CAPACIDADE DE VIVER
DE MODO CRIATIVO E TRANQUILO...

MAS EM ALGUM PONTO DO CAMINHO
NÓS A PERDEMOS

O MISTÉRIO É...

POR QUÊ?

O GUIA DO GURU PREGUIÇOSO PARA O FLUXO

CAPÍTULO 1

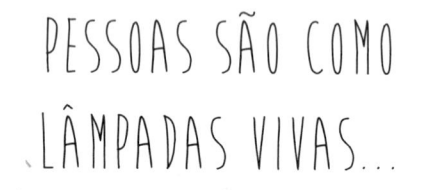

PESSOAS SÃO COMO
LÂMPADAS VIVAS...

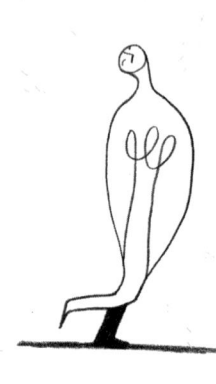

CHEIAS DE ENERGIA.

MAS A LUZ DIMINUI...

ELA VEM E VAI

ISSO É NORMAL...

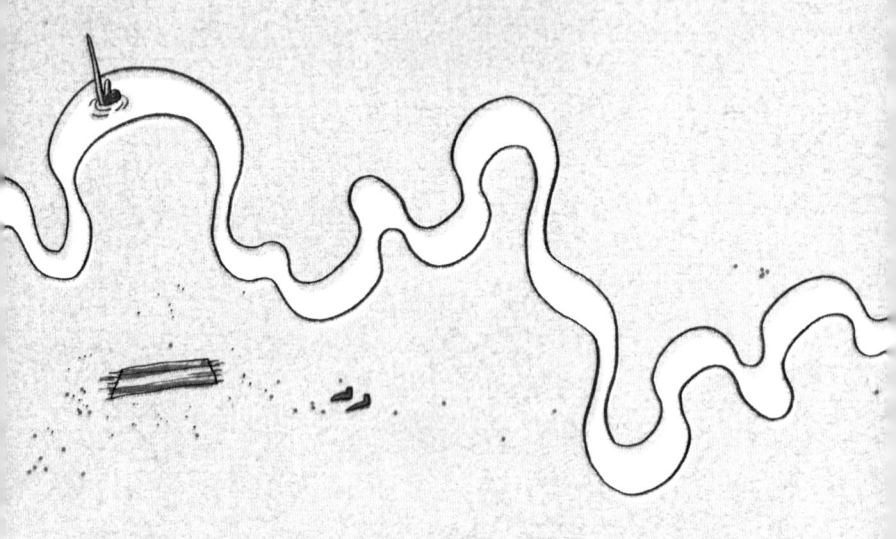

ASSIM COMO UM RIO,

nós temos ALTOS e BAIXOS

A DIFERENÇA
ENTRE PESSOAS E RIOS

(Bem, uma delas)

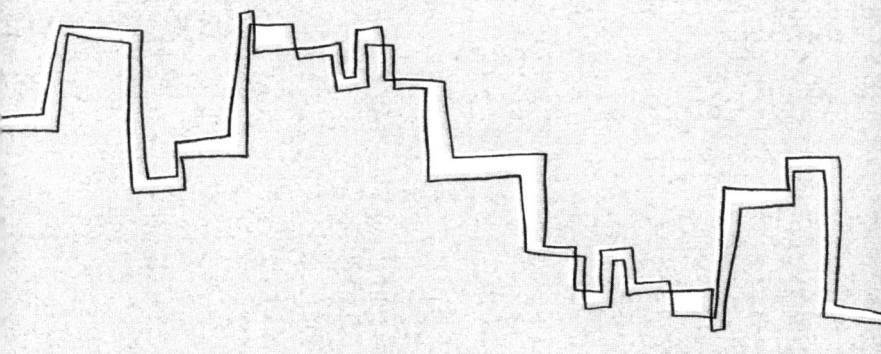

É QUE, EM VEZ DE DEIXAR ACONTECER,

NÓS TENTAMOS CONTROLAR O FLUXO NATURAL.

O FLUXO NATURAL
DOS SENTIMENTOS
É BEM ASSUSTADOR.

VOCÊ NÃO SABE EXATAMENTE
O QUE PODERIA ACONTECER...

SE VOCÊ REALMENTE SE DEIXASSE LEVAR!

ESPECIALMENTE QUANDO

VOCÊ

NÃO

ESTÁ

MUITO

BEM...

ENTÃO, NATURALMENTE...

VOCÊ GUARDA SEUS SENTIMENTOS EM CAIXINHAS

(em vez de rios caudalosos)

ONDE ELES POSSAM

FICAR SEGUROS

E ESCONDIDOS

MAS O QUE ACONTECE QUANDO VOCÊ TENTA

COLOCAR UM RIO ENORME

EM UMA

CAIXINHA?

DÁ MUITO TRABALHO

PARA MANTÊ-LO LÁ DENTRO

GASTAMOS

MUITA

ENERGIA

PARA CONTER

ESSE FLUXO

PARA PODERMOS SER
BONS MENINOS E MENINAS

O RESULTADO?

Boa parte de nossa consciência natural se perde.

E AINDA POR CIMA...

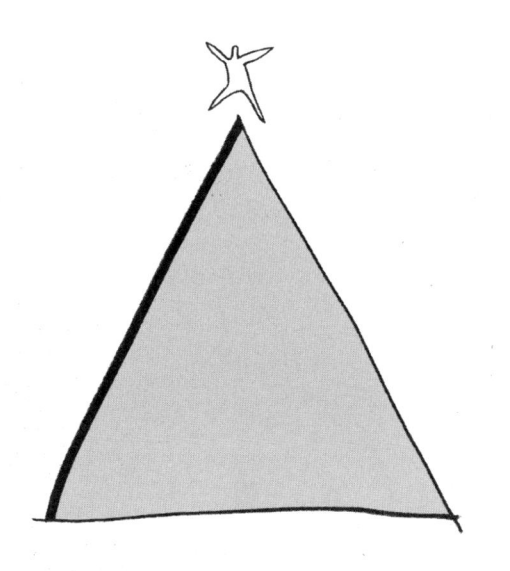

PRECISAMOS COMPENSAR TODOS AQUELES BURACOS EM QUE NÃO SENTIMOS MAIS NADA

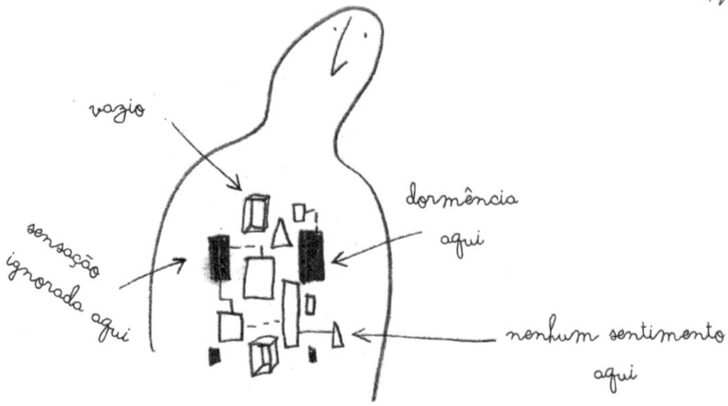

vazio

sensação
ignorada aqui

dormência
aqui

nenhum sentimento
aqui

UM VAZIO QUE O MUNDO ESTÁ
DOIDO PARA PREENCHER...

COM SENSAÇÕES EXTRAS

E A PIOR PARTE É QUE...

USAMOS UNS AOS OUTROS PARA CONSEGUIR A ENERGIA QUE OPRIMIMOS EM NÓS MESMOS

quero você, preciso de você.
me dê

por favor, faça com que eu me sinta bem
faça o que eu faço
faça isso
faça aquilo...

E TRANSFORMAMOS ISSO EM UMA
SITUAÇÃO NORMAL
APOIADA E APROVADA PELA SOCIEDADE!

trabalhe para mim dê sua energia

me dê um salário e um carro

E PARA FAZER TUDO ISSO FUNCIONAR...

PRECISAMOS MANTER ESSES

SENTIMENTOS

BEM GUARDADOS.

A PARTE RUIM É QUE...

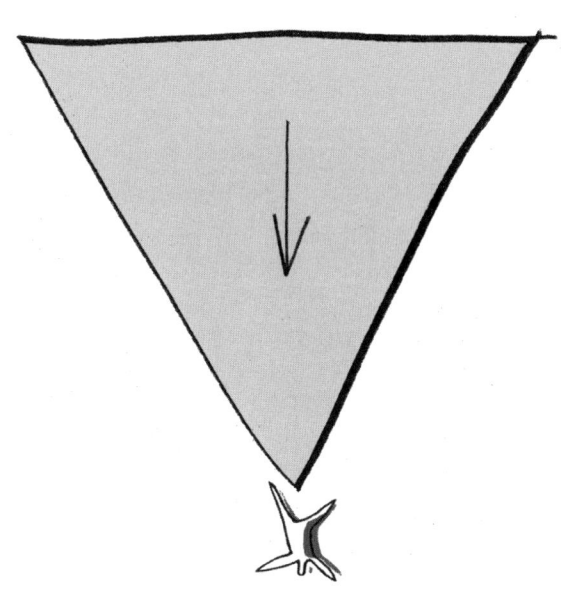

SENTIMOS QUE ALGO
NÃO ESTÁ CERTO

PARECE QUE TEM ALGUMA COISA FALTANDO

e ela é...

AQUELA NOSSA LUZ BRILHANTE

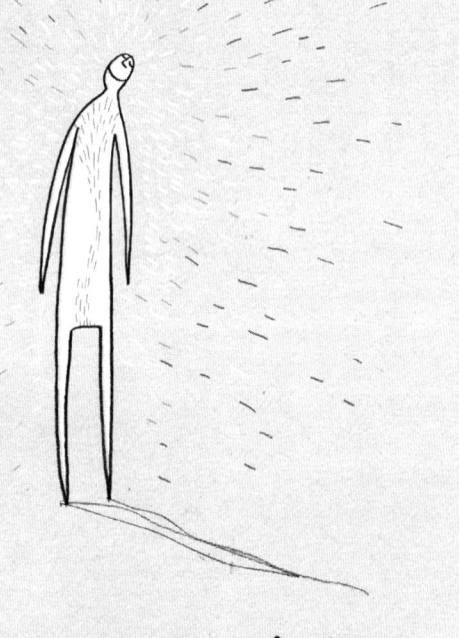

e aquele fluxo
de pura sensação

ENTÃO, PARA CONSERTAR AS COISAS...
MARCAMOS DE NOS SENTIRMOS BEM
EM OUTRA HORA...

CRIAMOS UMA SEPARAÇÃO ENTRE

EU

AGORA

VOCÊ

DEPOIS

ELES

NÓS

AQUI

PENSAMENTOS

UM DIA

SENTIMENTOS

E AÍ NÓS TENTAMOS JUNTAR ESSAS COISAS

É POR ISSO QUE SOMOS TÃO ESTRESSADOS!

PARECEMOS HAMSTERS EM RODINHAS...

E TUDO PARECE SER TÃO REAL

E TÃO IMPORTANTE!

crescimento econômico

NOTÍCIAS

GUERRA

garantir nossa segurança

proteger os interesses nacionais

E A IRONIA É...

QUE A MELHOR MANEIRA POSSÍVEL
DE REALIZAR AS COISAS...

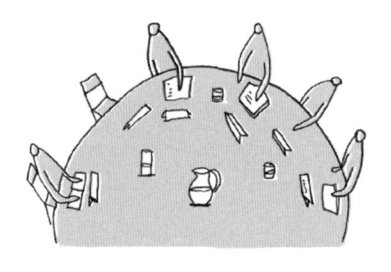

É ABRIR MÃO DO CONTROLE...

E PERMITIR QUE

A INTELIGÊNCIA SUPERABUNDANTE

DO UNIVERSO

FAÇA O QUE SABE FAZER

O PRINCÍPIO AUTO-ORGANIZADOR

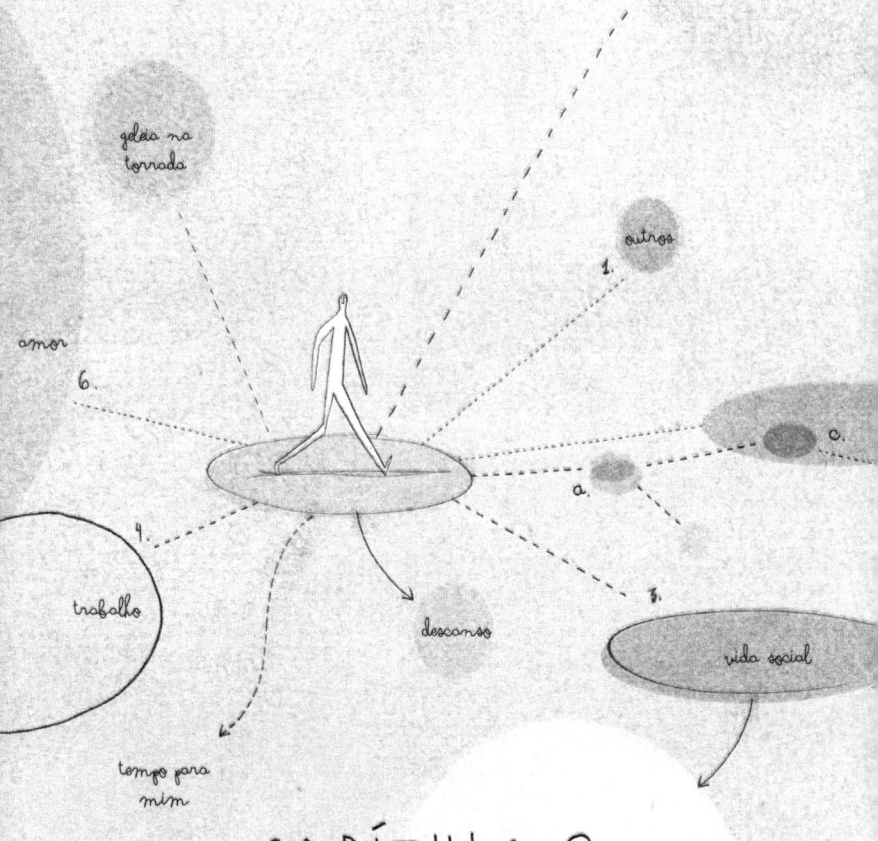

CAPÍTULO 2

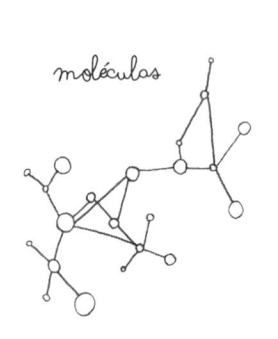

moléculas

tronco de árvore

folhas

QUANDO OBSERVAMOS A NATUREZA, PERCEBEMOS QUE PARTES SEPARADAS E INDEPENDENTES CRIAM INTEIROS COMPLEXOS E LINDOS

cristais

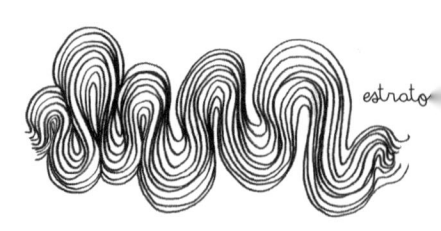

estrato

nebulosas

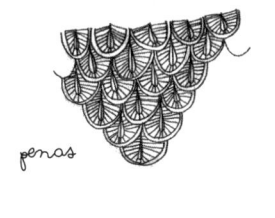

penas

revoadas

...SEM QUE NINGUÉM PRECISE ORGANIZÁ-LAS.

colméia

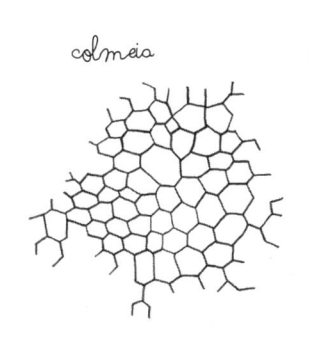

folhas e coisas...

VEMOS ESSE PADRÃO SE REPETIR EM SISTEMAS DE
ANIMAIS,
PLANTAS
E RIOS

...E ATÉ EM NÓS MESMOS!

SEJA EM UM TIME DE FUTEBOL, UMA MULTIDÃO OU UMA EMPRESA, QUANDO SE JUNTAM, AS PESSOAS SÃO CAPAZES DE COISAS INCRÍVEIS
- COM ALGUMAS REGRAS SIMPLES -
SEM QUE NINGUÉM DIGA A ELAS O QUE FAZER...

PORQUE, COMO TUDO NA NATUREZA, NOSSAS **MENTES** SE "AUTO-ORGANIZAM".

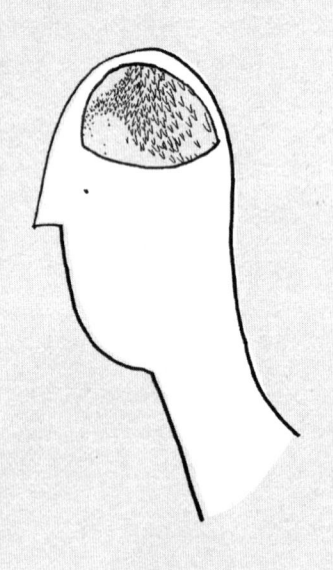

SEM NENHUM ESFORÇO, TOMAMOS
MILHÕES DE DECISÕES TODO DIA

andar pelas ruas

dirigir

coçar a cabeça

E NEM PENSAMOS NELAS.

POR EXEMPLO:

QUANDO ANDA POR UM LUGAR CHEIO DE GENTE,

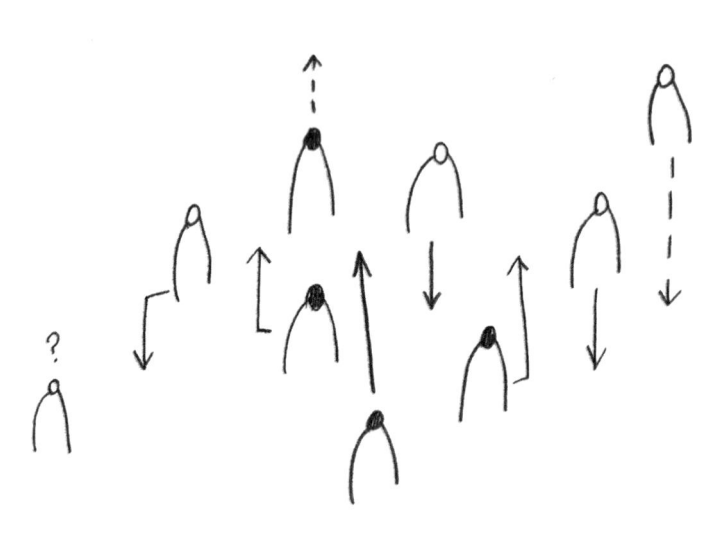

VOCÊ NÃO SE PREOCUPA COM ISSO,
NEM PARA DE **PLANEJAR** SUAS REUNIÕES PARA
PENSAR EM COMO ANDAR.

(na verdade, seu
cérebro pensante
sequer se envolve nisso.)

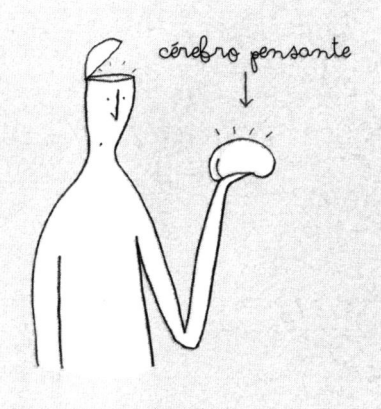

cérebro pensante

VOCÊ É UM GÊNIO
EM SEGUIR O FLUXO!!!

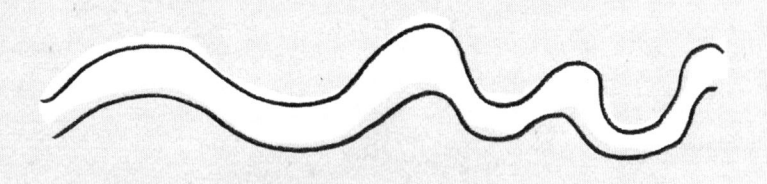

MESMO QUANDO PRECISA TOMAR
DECISÕES **MUITO** COMPLEXAS,

(como... onde morar?)

VOCÊ TALVEZ SE ESTRESSE COM ELAS,
MAS O MOMENTO DA AÇÃO FINAL
AINDA PARTE DAQUELE MISTERIOSO
LUGAR QUE NÃO PENSA.

POR QUÊ?

porque o IMPULSO que leva a uma ação NÃO vem do raciocínio sobre ela, mas surge por conta PRÓPRIA de um misto de:

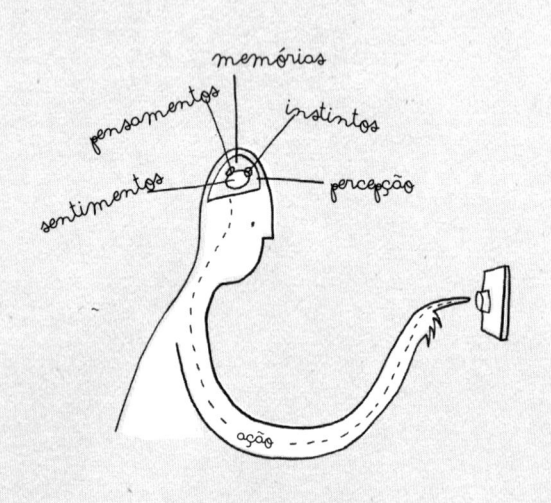

... E É MUITO MAIOR DO QUE AQUELA

PEQUENA BOLHA QUE CHAMAMOS DE PENSAMENTO.

Na verdade, tanto a ciência quanto a prática sugerem que a inteligência não é limitada a nossos pequenos cérebros físicos. Ela é mais como um campo de consciência...

UM "CAMPO" DE CONSCIÊNCIA
QUE INCLUI TUDO
A NOSSA VOLTA...

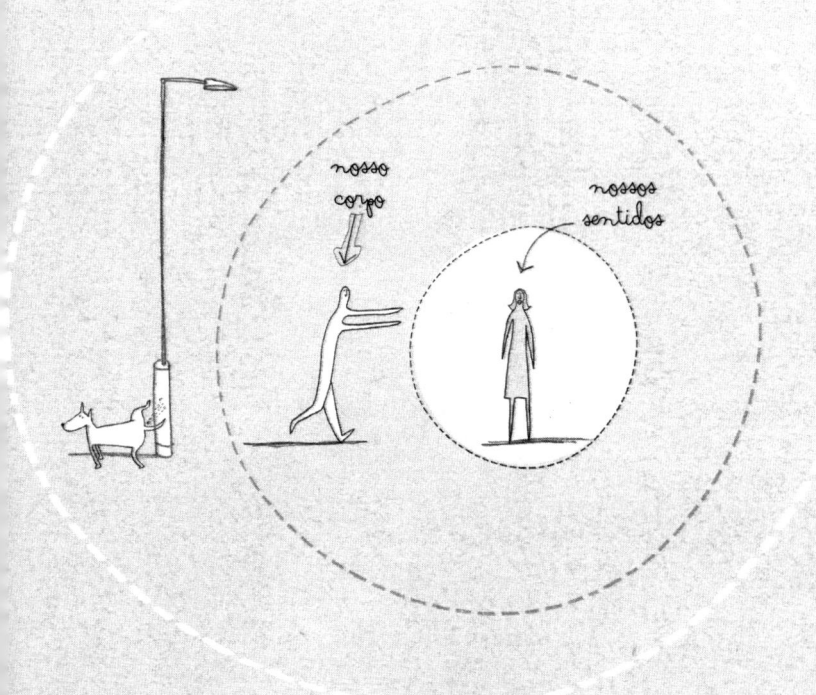

nosso corpo

nossos sentidos

... E AS PESSOAS E AS COISAS COM AS QUAIS TEMOS CONTATO.

ENTÃO, NOSSOS MOMENTOS DE FLUXO OCORREM PORQUE ESTAMOS RELAXADOS O BASTANTE PARA PROCESSAR TODAS ESSAS INFORMAÇÕES — QUE, POR SUA VEZ, LEVAM A AÇÕES MAIS CRIATIVAS E ESPONTÂNEAS.

14 Hz — BETA

ANIMADO / ESTRESSADO / ANSIOSO

ESSE ESTADO PODE ATÉ SER MEDIDO EM FAIXAS DE ONDAS CEREBRAIS QUE SÃO MAIS ABERTAS, CRIATIVAS E RECEPTIVAS

8-13 Hz — ALFA

RELAXADO

ALGUNS EXEMPLOS:

UM TENISTA PARA DE "TENTAR"
MELHORAR A FORMA COMO JOGA...

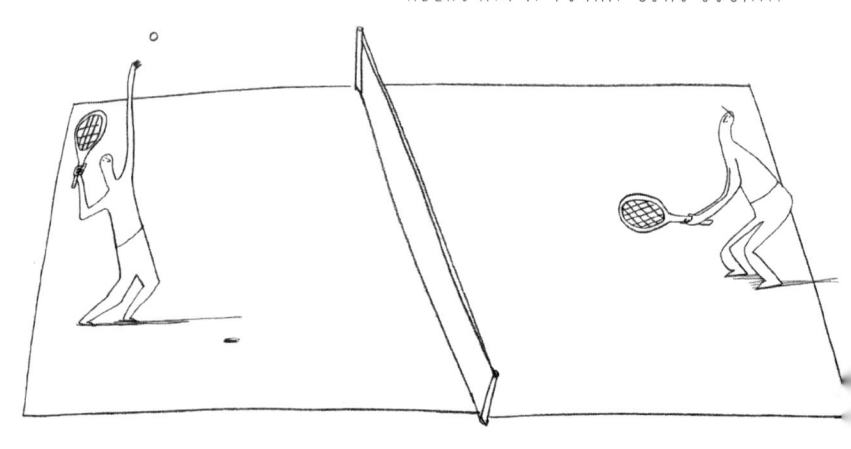

E, EM VEZ DISSO, APRENDE, CONCENTRANDO TODA A ATENÇÃO NA BOLA.

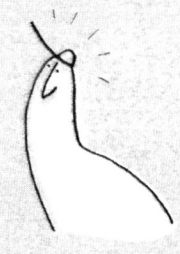

UMA **PALESTRANTE** PARA DE "TENTAR"
PENSAR NO QUE DIZER,

RESPIRA...

E SE LEMBRA DE SENTIR OS PÉS.

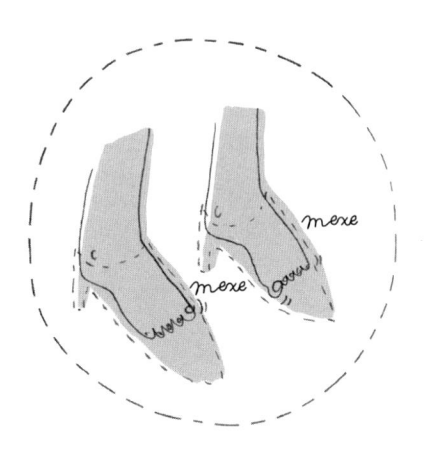

E AÍ AS PALAVRAS COMEÇAM A FLUIR QUASE POR CONTA PRÓPRIA.

UM EMPRESÁRIO

PARA DE "TENTAR" ARRUMAR SUA AGENDA,

VAI FAZER OUTRA COISA...

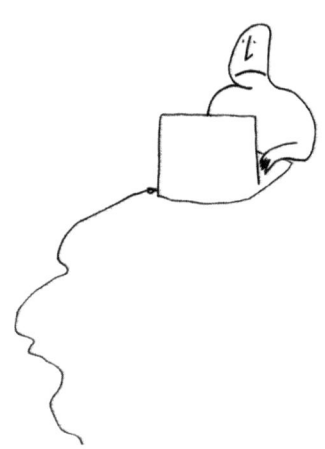

E ESPERA O PROBLEMA
SE REORGANIZAR SOZINHO EM SUA MENTE.

A MAIOR PARTE DE NÓS FOI ENSINADA A

TRABALHAR DURO

PARA PRODUZIR ESSE TIPO DE RESULTADO...

MAS, NA VERDADE, NENHUM

DESSES MÉTODOS USA O ESFORÇO. EM VEZ DISSO,

TODOS TÊM UM PONTO EM COMUM...

ELES DEIXAM O CÉREBRO PENSANTE DE LADO

E PERMITEM QUE OUTRA COISA ACONTEÇA.

PARE UM INSTANTE E REFLITA SOBRE TUDO O QUE VOCÊ APRENDEU E CONQUISTOU EM SUA VIDA...

PENSE NOS MOMENTOS DE INSPIRAÇÃO, SUCESSO OU MUDANÇA...

ENCANTE-SE COM O PODER DA SUA MENTE INCONSCIENTE PARA REALIZAR COISAS SEM QUE VOCÊ SE PREOCUPE COM ELAS...

APRENDENDO A CRIAR ESPAÇO

CAPÍTULO 3

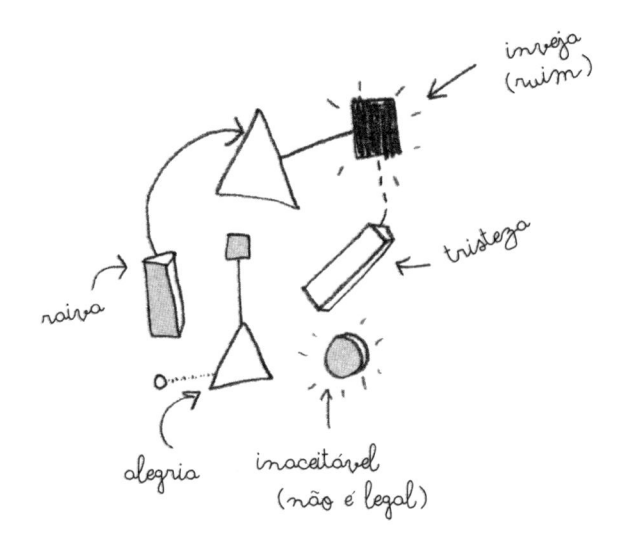

ELAS CONTÊM TODA A ENERGIA
E A INFORMAÇÃO DE QUE PRECISAMOS...

inveja
(ruim)

tristeza

raiva

alegria

inaceitável
(não é legal)

PARA SAIR DO LUGAR

MAS, POR ALGUMA RAZÃO,
NA MAIOR PARTE DO TEMPO
EVITAMOS ABRI-LAS.

O resultado é que a energia positiva que elas guardam fica aprisionada em nosso corpo sob a forma de tensão muscular, desconforto, postura ruim, falta de ar e crenças rígidas e limitadoras...

É POR ISSO QUE VOLTA E MEIA NOS SENTIMOS ESTRESSADOS,

MAS NÃO ENTENDEMOS POR QUÊ...

E ACABAMOS SAINDO DO SÉRIO DE UM JEITO

REPENTINO E INESPERADO.

É COMO SE ESTIVÉSSEMOS POSSUÍDOS E, POR UM TEMPO,

NOS TORNÁSSEMOS OUTRA PESSOA...

UMA PESSOA COMPLETAMENTE DIFERENTE...

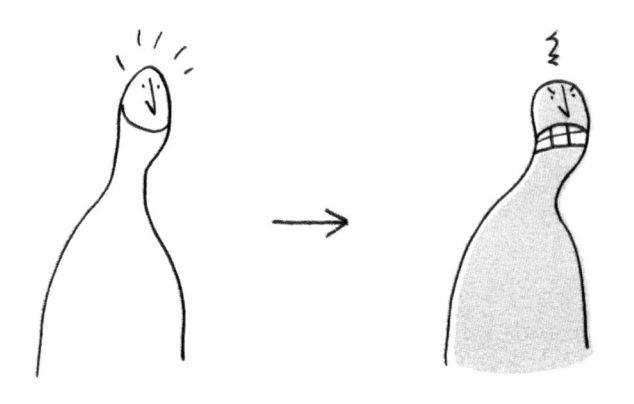

UM ESTRESSADINHO

NOSSO ESTRESSADINHO INTERIOR
É COMO UMA VERSÃO
ALTERNATIVA DE NÓS MESMOS
QUE NÃO GOSTA DE NADA
QUE ESTEJA ACONTECENDO.

QUANDO SAÍMOS DO SÉRIO, NOSSO ESTRESSADINHO INTERIOR

DÁ UM NÓ EM NOSSA CABEÇA

ENQUANTO TENTA CONSERTAR, ADMINISTRAR

E CONTROLAR AS COISAS

É COMO UMA ESPIRAL

COMECE
AQUI →

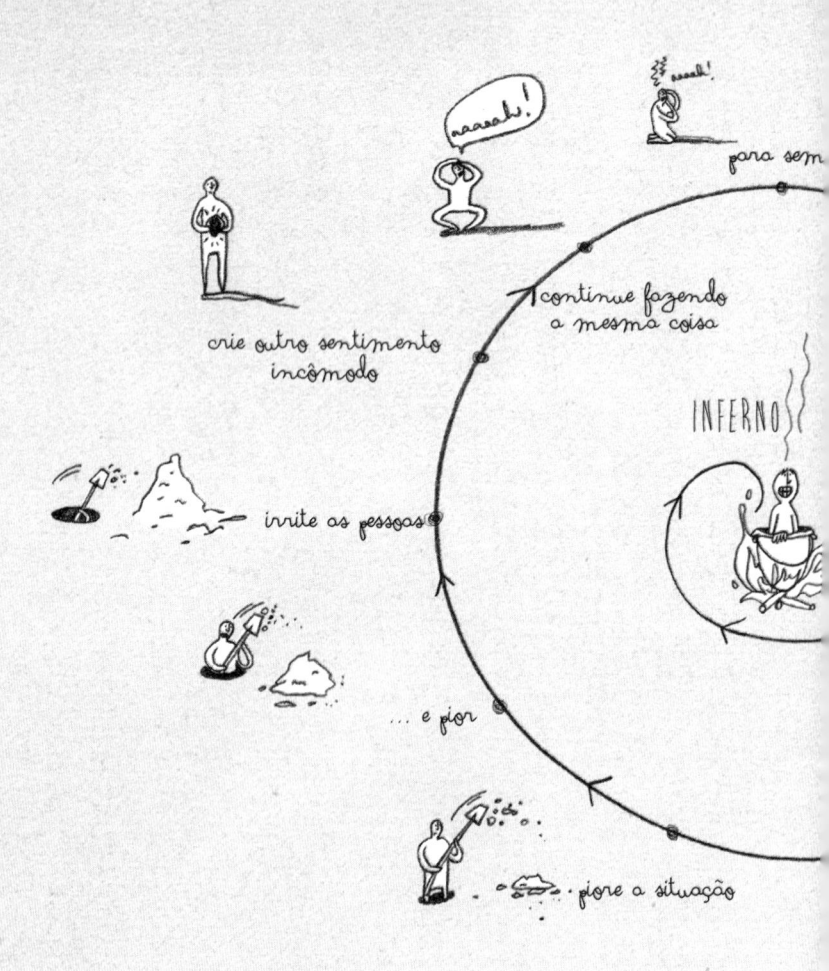

aaaah!

aaaah!

para sem

crie outro sentimento
incômodo

continue fazendo
a mesma coisa

INFERNO

irrite as pessoas

... e pior

piore a situação

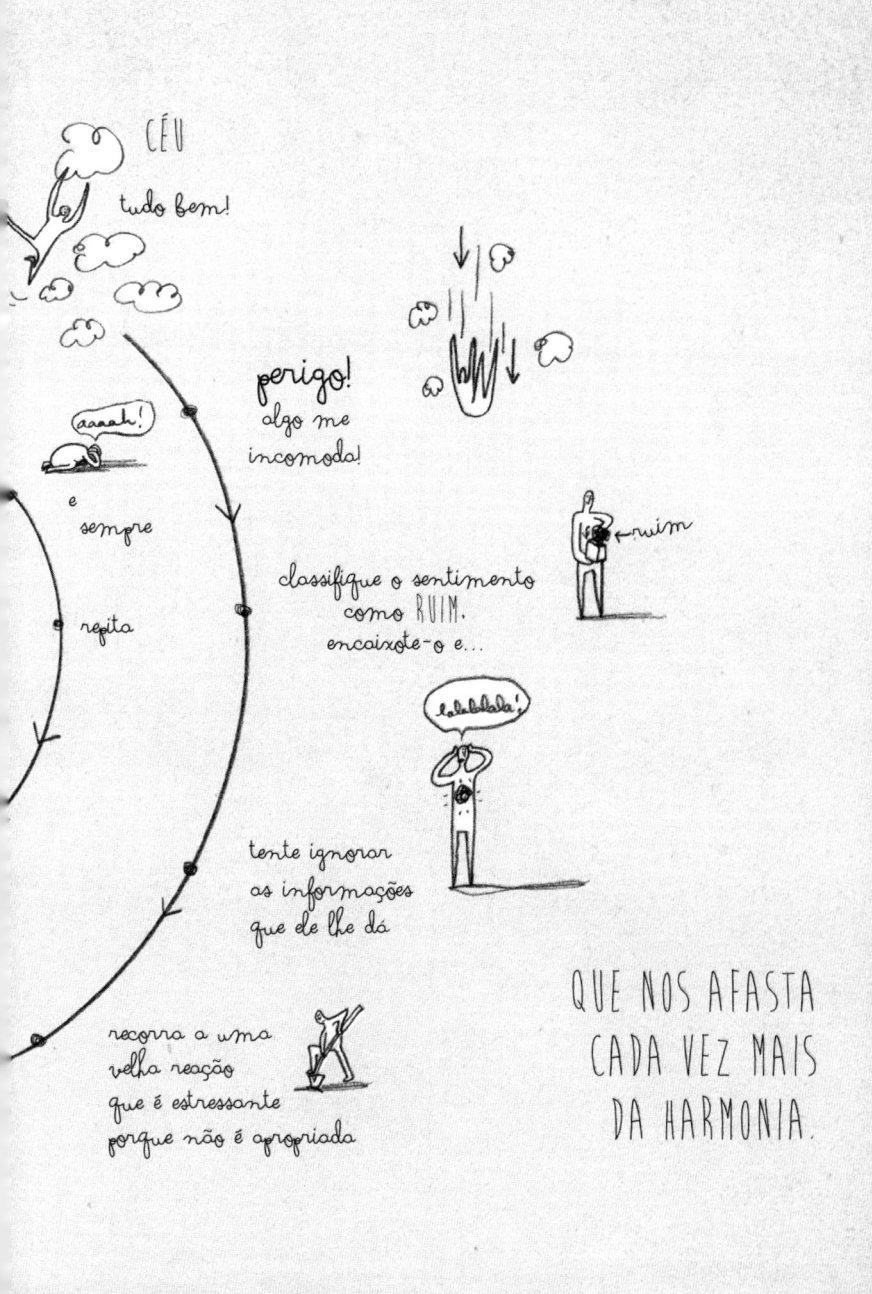

... IMPEDINDO QUE POSSAMOS ENXERGAR

OPORTUNIDADES E SOLUÇÕES

QUE ESTÃO BEM NA NOSSA FRENTE!

ENTÃO... EM VEZ DE SERMOS UMA
REVOADA DE SERES HUMANOS
COMPLETAMENTE BRILHANTE E AUTO-ORGANIZADA

NOS TORNAMOS UMA SOCIEDADE DE
CONTROLADORES NEURÓTICOS
QUE TENTAM SE AUTOPRESERVAR A QUALQUER CUSTO

TRABALHANDO ATÉ TARDE...

SÓ PARA NOS SENTIRMOS BEM.

ENTÃO O QUE DEVERÍAMOS FAZER?

COMO PODEMOS RESTAURAR O FLUXO NATURAL

E DESFAZER AQUELES NÓS...

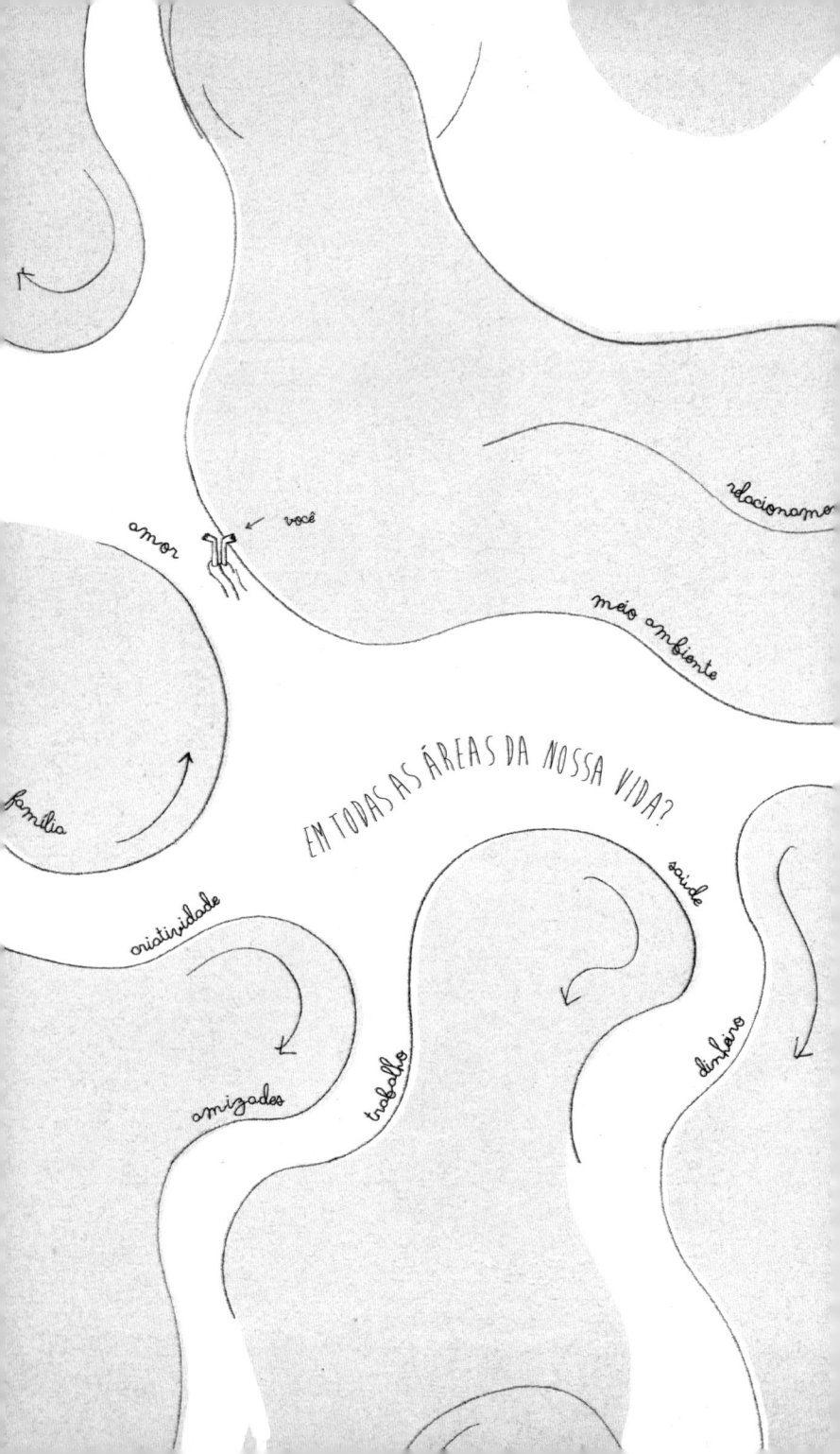

BEM,
NA VERDADE O ANTÍDOTO É
MILAGROSAMENTE SIMPLES...

É A ARTE DE ABRIR ESPAÇO

PARA QUE TODOS AQUELES NÓS E PROBLEMAS
SE RESOLVAM SOZINHOS.

ABRIR ESPAÇO...

É ALGO QUE TODOS SABEMOS FAZER POR INSTINTO -
APESAR DE TODO MUNDO TER MEIOS DIFERENTES
DE REALIZAR ISSO...

(CAMINHAR, JOGAR GOLFE, PRATICAR YOGA, TOMAR UM BA-
NHO, VELEJAR, NADAR, RIR, CONVERSAR)

MAS, QUANDO EXAMINAMOS ESSE HÁBITO CRIATIVO
MAIS DE PERTO, DESCOBRIMOS QUE ELE SE DEVE A TRÊS
HABILIDADES BEM SIMPLES...

O MÉTODO DO GURU PREGUIÇOSO

| PARE | SINTONIZE-SE | DESPRENDA-SE |

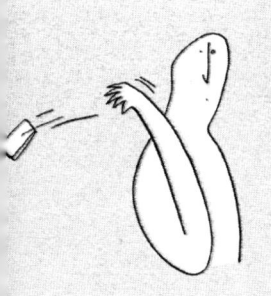 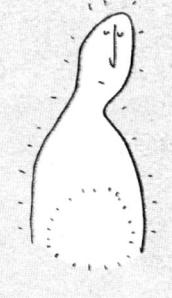 

| 1. | 2. | 3. |

QUANDO PARAMOS, INTERROMPEMOS O PADRÃO DAS AÇÕES BASEADAS NO ESTRESSE

QUANDO SENTIMOS, ABRIMOS NOSSA PERCEPÇÃO PARA UM CAMPO DE CONHECIMENTO MAIS AMPLO

QUANDO NOS DESPRENDEMOS, PERMITIMOS QUE UMA NOVA AÇÃO SURJA A PARTIR DESSE CONHECIMENTO

ESSES HÁBITOS DE MINDFULNESS LIBERAM O ESTRESSE
QUE VINHA COMANDANDO O ESPETÁCULO

ELES AFROUXAM O NÓ EM VEZ DE APERTÁ-LO.

E PODEM SER POSTOS EM PRÁTICA A QUALQUER MOMENTO.

COMO SER PREGUIÇOSO

CAPÍTULO 4

Você pode estar em um escritório, em um aeroporto ou em uma montanha, no trabalho ou na farra, de férias ou na cama.
Pensando, lendo ou falando...

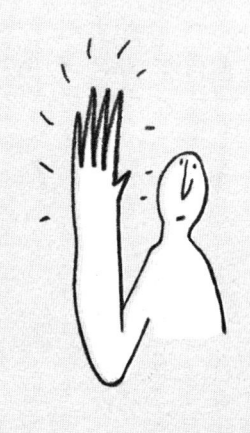

1. PARE

ESPERE

NÃO IMPORTA o que você esteja fazendo

PARE...

INTERROMPA A ESPIRAL.

DESLIGUE O CELULAR, O COMPUTADOR, A CÂMERA, O FACEBOOK, O YOUTUBE... DEIXE DE LADO OS LIVROS, AS REVISTAS, O TRABALHO,

ABAIXE A MÚSICA...

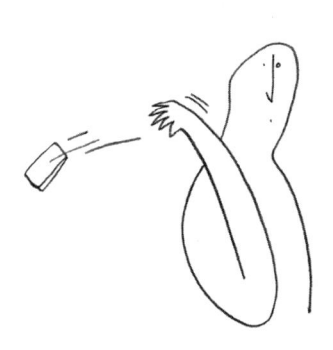

SEJA LÁ O QUE FOR QUE ACONTEÇA A SEGUIR...

DEIXE QUE ACONTEÇA.

VOCÊ ESTÁ ABRINDO ESPAÇO...

ALGO RARO.

PARAR — POR QUÊ

APRENDER COMO PARAR É O PRIMEIRO PASSO PARA ESCAPAR DA NOSSA ESPIRAL ESTRESSADINHA. MESMO QUANDO ACREDITAMOS QUE ESTAMOS SENDO PRODUTIVOS, COM FREQUÊNCIA AGIMOS DE FORMA ESTRESSADA E INEFICIENTE SEM PERCEBER.

PARAR É ÚTIL EM TODO TIPO DE SITUAÇÃO — NÃO APENAS EM CATÁSTROFES E CRISES, MAS TAMBÉM PARA CUMPRIR UM PRAZO OU ATÉ EM UMA FESTA. QUANDO SE TORNAR UM VERDADEIRO GURU PREGUIÇOSO, VOCÊ VAI PARAR VÁRIAS VEZES AO DIA, SEMPRE QUE SENTIR QUE ESTÁ PERDENDO O FLUXO. É ASSIM QUE ABRIMOS ESPAÇO, EXPANDIMOS NOSSO CAMPO DE VISÃO E PERCEBEMOS COMO NOSSO COMPORTAMENTO SE TORNOU LIMITADO.

APENAS PARE O QUE ESTIVER FAZENDO.

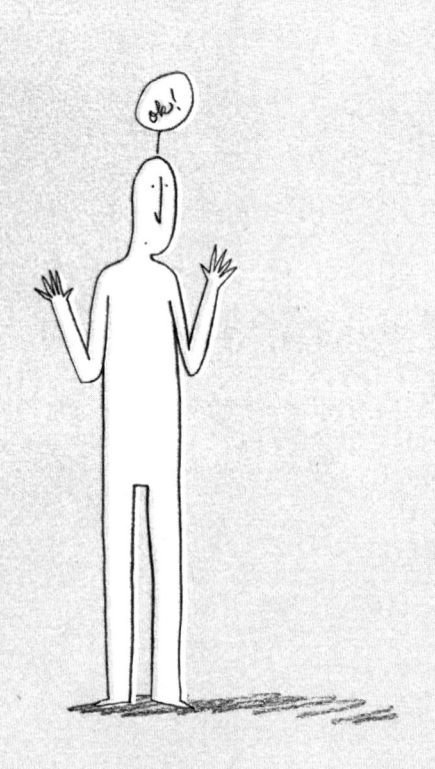

PARANDO

EXERCÍCIO: LEMBRANDO-SE DE PARAR

DESAFIO: ESTRESSE INVISÍVEL

CRENÇAS PREJUDICIAIS: "PRECISO IR EM FRENTE"
"A VIDA É UMA BATALHA"
"SÓ OS FORTES SOBREVIVEM"
"O TRABALHO NÃO FOI FEITO PARA SER DIVERTIDO"

DICA: APRENDA A RECONHECER QUANDO NÃO ESTÁ APROVEITANDO
O MOMENTO...
ISSO SIGNIFICA QUE VOCÊ NÃO ESTÁ EM FLUXO.

AGORA, TIRE UM MINUTO PARA...

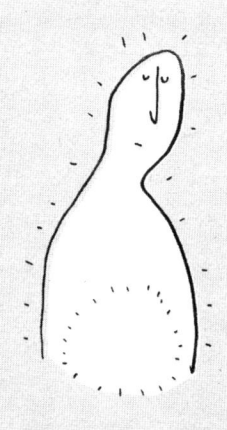

2. SINTONIZAR-SE

TENTE ENCONTRAR SUA PRÓPRIA FREQUÊNCIA
NESTE EXATO MOMENTO,
A ESTAÇÃO DE RÁDIO DO AQUI E AGORA.

ENTRE EM SINTONIA COM AS SENSAÇÕES NO SEU CORPO

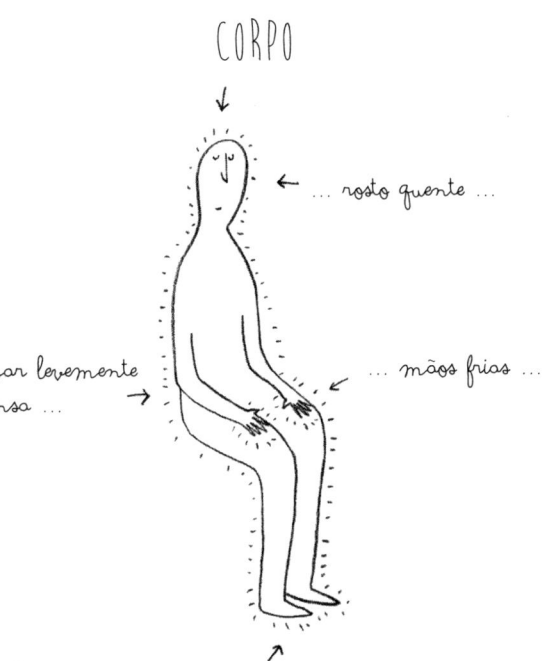

VOCÊ TALVEZ SE SINTA DISTRAÍDO, ENTEDIADO, CONTENTE OU DESCONFORTÁVEL.

VOCÊ CONSEGUE OBSERVAR TUDO ISSO SEM PRECISAR AGIR? VOCÊ É CAPAZ DE SENTIR AS SENSAÇÕES AO SEU REDOR E DENTRO DE SI MESMO SEM PRECISAR DESCREVÊ-LAS OU ROTULÁ-LAS? VOCÊ CONSEGUE CONVIVER COM ELAS DO JEITO QUE SÃO?

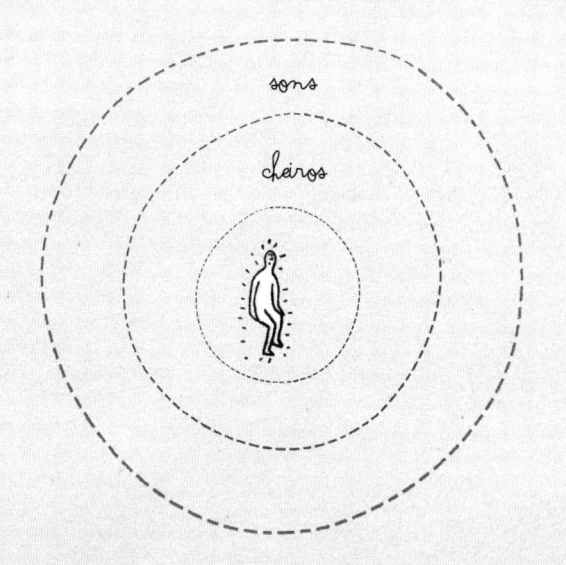

imagens

QUANDO ENTRAR EM SINTONIA, NOTE QUE O MOMENTO PRESENTE
INCLUI MUITO MAIS DO QUE VOCÊ COSTUMA PERCEBER...

sons

cheiros

SENTIMENTOS, SENSAÇÕES, LEMBRANÇAS...

SE HOUVER QUALQUER TENSÃO OU ESTRESSE EM SEU CORPO, DÊ ESPAÇO A ISSO, DEIXE ESTAR...

PERMITA QUE OS PENSAMENTOS E AS EMOÇÕES FLUAM.

SINTONIZAR-SE — POR QUÊ

O TEMPO QUE VOCÊ GASTA "SE SINTONIZANDO" AGORA SERÁ RECOMPENSADO DEPOIS SOB A FORMA DE ENERGIA, INSPIRAÇÃO E PRODUTIVIDADE. AO ENTRAR EM SINTONIA, VOCÊ ABRE ESPAÇO PARA QUE QUALQUER TENSÃO SEJA SENTIDA E LIBERADA E FAZ COM QUE SUA MENTE INCONSCIENTE PARTICIPE DO PROCESSO.

VOCÊ ATIVA A FORÇA AUTO-ORGANIZADORA:
A INTELIGÊNCIA NATURAL DO SEU CORPO,
DA SUA MENTE E DO MUNDO A SUA VOLTA.

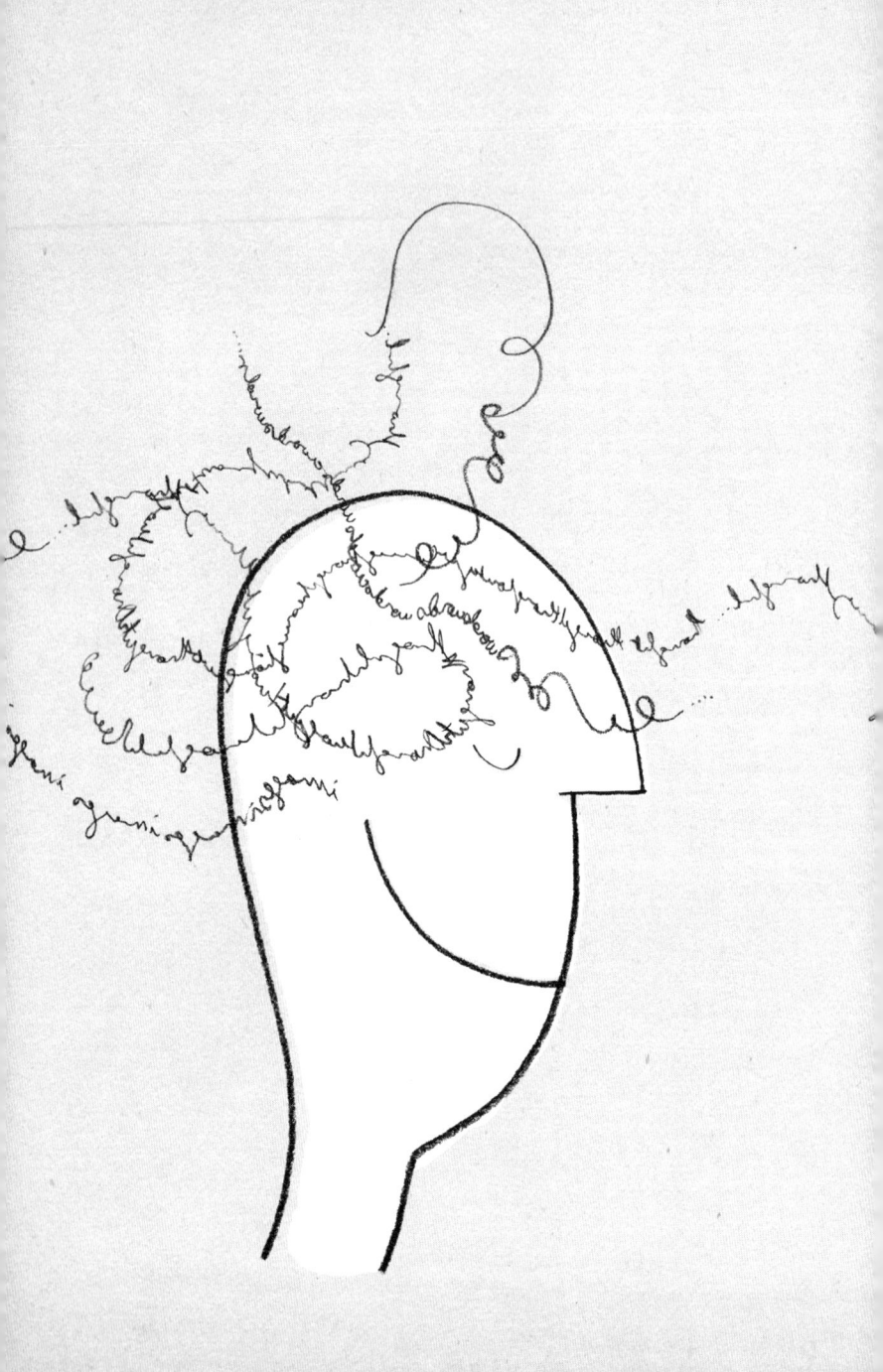

SINTONIZANDO-SE

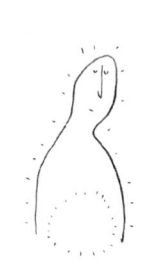

EXERCÍCIO: SAINDO DE SUA PRÓPRIA MENTE

DESAFIO: IMPACIÊNCIA

CRENÇAS PREJUDICIAIS: "TENHO MUITA COISA PARA FAZER"
"EU DEVERIA ESTAR TRABALHANDO"
"ISSO É EGOÍSTA/OLHAR PARA O PRÓPRIO UMBIGO"

DICA: EXERCITE SUA ATENÇÃO SINTONIZADORA COMO FARIA COM QUALQUER MÚSCULO. TREINE DESCREVENDO AS SENSAÇÕES QUE PERCEBE DENTRO DE SI PRÓPRIO E DO LADO DE FORA EM TERMOS OBJETIVOS. SEJA PRECISO: TENTE NÃO ROTULAR O QUE NOTAR COMO BOM OU RUIM.

AGORA, ONDE QUER QUE ESTEJA, TENTE...

3.

DESPRENDER-SE

...DAQUILO QUE VOCÊ ACREDITA
QUE DEVERIA ESTAR FAZENDO
(OU PENSANDO),

NOTE QUE QUASE SEMPRE HÁ UMA RESISTÊNCIA SUTIL A ESTAR TOTALMENTE RELAXADO, COMO SE UMA PARTE SUA ESTIVESSE A POSTOS, COMO SE VOCÊ JÁ TIVESSE DECIDIDO O QUE FAZER EM SEGUIDA.

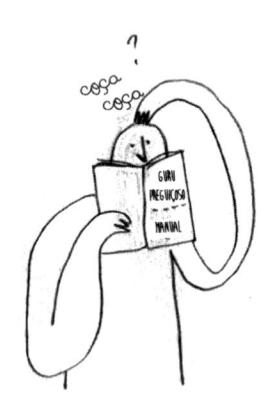

VOCÊ CONSEGUE SE DESPRENDER DISSO?

VOCÊ CONSEGUE SE DESPRENDER DE TUDO,

SÓ POR UM INSTANTE?

VEJA SE CONSEGUE RELAXAR, ESPERAR
E SE ABRIR PARA ALGO QUE PODE SER
TOTALMENTE DESCONHECIDO.

(UMA SOLUÇÃO, UM PASSO SEGUINTE,
ALGO EM QUE VOCÊ AINDA NÃO PENSOU...)

DESPRENDA-SE... DEIXE ACONTECER.

P.S...

não é possível se FORÇAR a se desprender.

desprender-se é algo que só conseguimos fazer quando

abandonamos nossos pensamentos e relaxamos

(isso inclui a ideia de se desprender).

faça o melhor que puder...

perceba onde está tenso e apegado, continue atento a isso

e espere.

DESPRENDER-SE — POR QUÊ

DESPRENDER-SE É AO MESMO TEMPO A PRÁTICA MAIS SIMPLES E MAIS COMPLICADA QUE UM GURU PREGUIÇOSO PODE APRENDER A DOMINAR. É TÃO SIMPLES E TÃO DIFÍCIL QUANTO DIZER "ESTOU ERRADO" NO MEIO DE UMA DISCUSSÃO, OU DESISTIR DE UM CAMINHO QUE NÃO ESTÁ MAIS DANDO CERTO.

NÃO NOS APEGAMOS APENAS A AÇÕES, MAS TAMBÉM A SENTIMENTOS — RAIVA, RESSENTIMENTO, TRISTEZA, ORGULHO. ESSAS EMOÇÕES SÃO INCÔMODAS, MAS, ESTRANHAMENTE, PARECEMOS RESISTIR A APENAS... NOS DESPRENDERMOS DELAS.

NO ENTANTO, APEGAR-SE A ALGO, SEJA UMA IDEIA, UMA AÇÃO OU UM SENTIMENTO, VOLTA E MEIA É O QUE NOS IMPEDE DE ALCANÇAR AQUILO DE QUE MAIS PRECISAMOS.

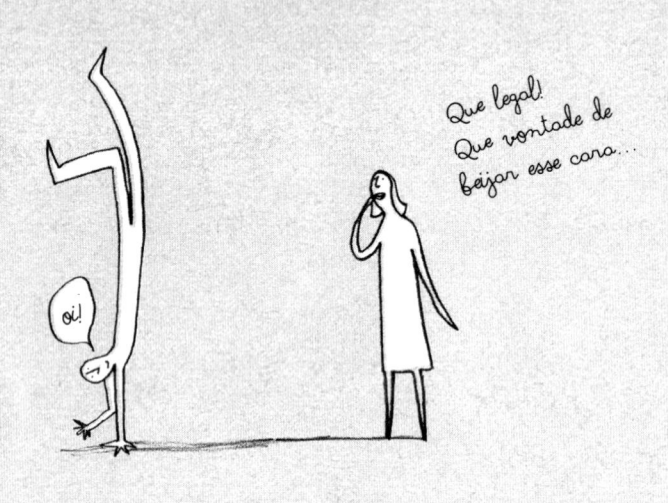

POR FIM, O DESPRENDIMENTO COMEÇARÁ
A VIR POR CONTA PRÓPRIA.

DESPRENDER-SE

EXERCÍCIO: Rendendo-se

DESAFIO: Sentir-se impotente

CRENÇAS PREJUDICIAIS: "Eu tinha outros planos", "Preciso disso"
                         "Se não fizer isso vou morrer"

DICA: Note com que frequência o verbo "dever" surge em suas
                         conversas consigo mesmo, em frases como "Eu deveria
                         estar..." ou "Ele deveria ser...". O que aconteceria se
                         esse "dever" virasse "poder", como em "Nós poderíamos
                         fazer isso ou poderíamos fazer outra coisa". Isso lhe
                         dá mais opções?

ENTÃO...

ESSAS SÃO AS PRÁTICAS BÁSICAS DE UM GURU PREGUIÇOSO.
SE DOMINAR ESSES TRÊS HÁBITOS, VOCÊ TERÁ
TUDO DE QUE PRECISA PARA COMEÇAR
A JORNADA RUMO À INSPIRAÇÃO
E À FELICIDADE.

PARE   SINTONIZE-SE   DESPRENDA-SE

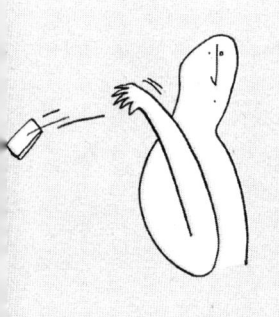
1.

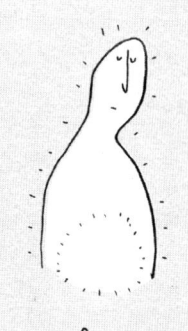
2.

3.

CAPÍTULO 5

7 PRÁTICAS
DE UM GURU PREGUIÇOSO

Conforme for RELAXANDO e praticando as habilidades do guru preguiçoso, você começará a descobrir a SUA MANEIRA de abrir espaço.

Nesse meio-tempo, eis algumas técnicas que você pode tentar em casa...

1. SEJA GENTIL

2. DORMEDITE

3. DISPENSE O "DEVERIA"

4. FAÇA A FAXINA

5. LIBERE A TENSÃO

6. ELIMINE AS DISTRAÇÕES

7. COMUNIQUE-SE

1.

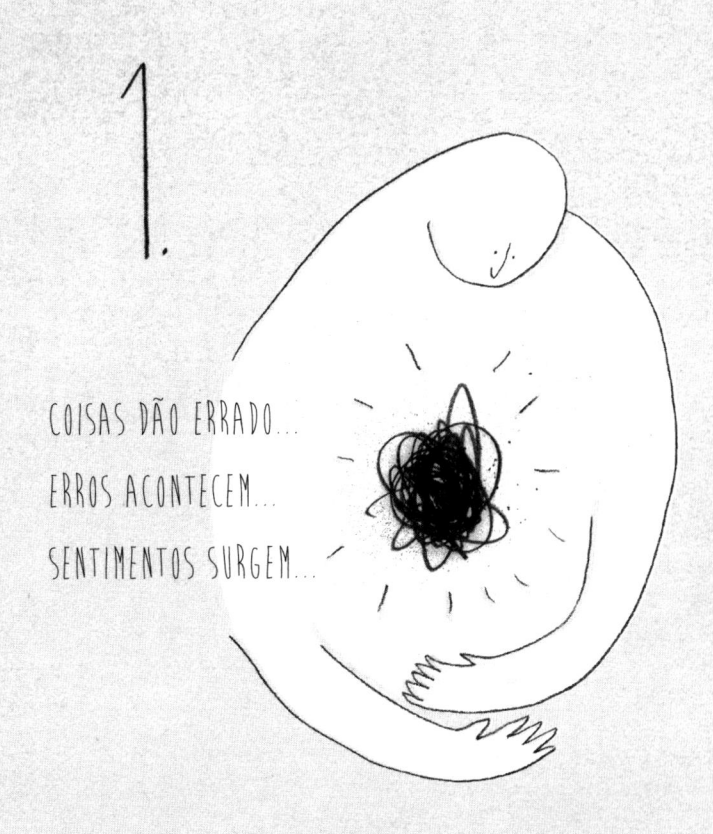

COISAS DÃO ERRADO...
ERROS ACONTECEM...
SENTIMENTOS SURGEM...

SEJA GENTIL

PENSE EM UM MOMENTO RECENTE EM QUE SEU ESTRESSADINHO INTERIOR TINHA MAIS CONTROLE SOBRE VOCÊ DO QUE "VOCÊ"

DIMINUA O RITMO E RELEMBRE ESSA SITUAÇÃO QUADRO A QUADRO... SEJA O MAIS PRECISO POSSÍVEL

ENQUANTO DESACELERA SUAS REAÇÕES, NOTE COMO SEU ESTRESSADINHO
FALA COM VOCÊ O TEMPO TODO: OUÇA O TOM DE VOZ DELE.
SOA FAMILIAR? NOTE QUE ESSA VOZ CONHECIDA
TENDE A TRANSFORMAR AS SITUAÇÕES EM "CATÁSTROFES"
- OU SEJA, ELA LEVA AO EXAGERO...

IRRACIONAL.

ESSAS HISTÓRIAS COSTUMAM SER BEM CONHECIDAS —
COMO VELHAS AMIGAS (DAQUELE TIPO QUE SEMPRE
DIFICULTA A SUA VIDA).

MAS, NA BASE DESSES PENSAMENTOS
CATASTRÓFICOS COSTUMA HAVER UM ESTADO DE ESPÍRITO OU
UMA EMOÇÃO QUE VOCÊ TALVEZ NÃO TENHA NOTADO POR COMPLETO.

TREINE SUAS HABILIDADES DE "SINTONIA": ENTRE EM SINTONIA COM ESSE SENTIMENTO COMO SE ELE FOSSE PALPÁVEL EM SEU CORPO, UMA PARTE DE QUEM VOCÊ É...

SEU ESTRESSADINHO INTERIOR QUER RESOLVER LOGO ESSE
SENTIMENTO, PARA QUE A CAIXA FIQUE BEM FECHADA...
MAS VOCÊ NÃO *PRECISA* FAZER ISSO.

VOCÊ SÓ TEM QUE ABRIR ESPAÇO,

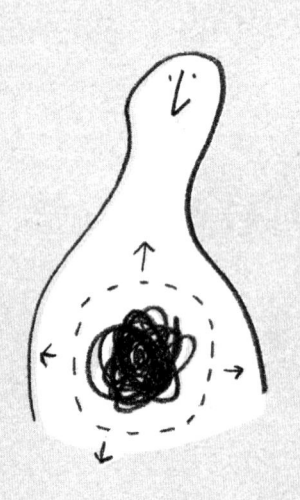

ACEITAR O SENTIMENTO.

SEJA GENTIL

COMO SE ELE FOSSE UMA CRIANÇA
LEVEMENTE INFELIZ

PERMITA QUE ESSA CRIANÇA FIQUE INFELIZ...

APENAS — CONVIVA — COM ISSO

E, POUCO A POUCO,
O SENTIMENTO MUDARÁ
POR CONTA PRÓPRIA.

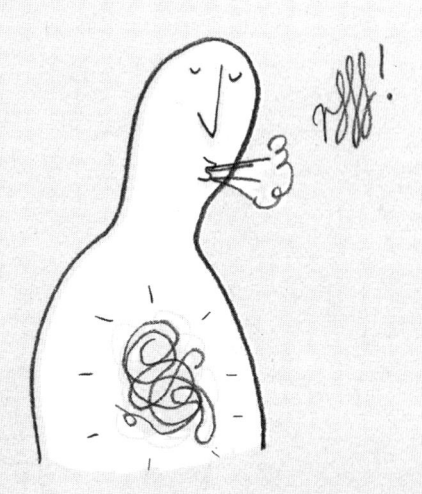

(mesmo que só um pouquinho)

2. DORMEDITE

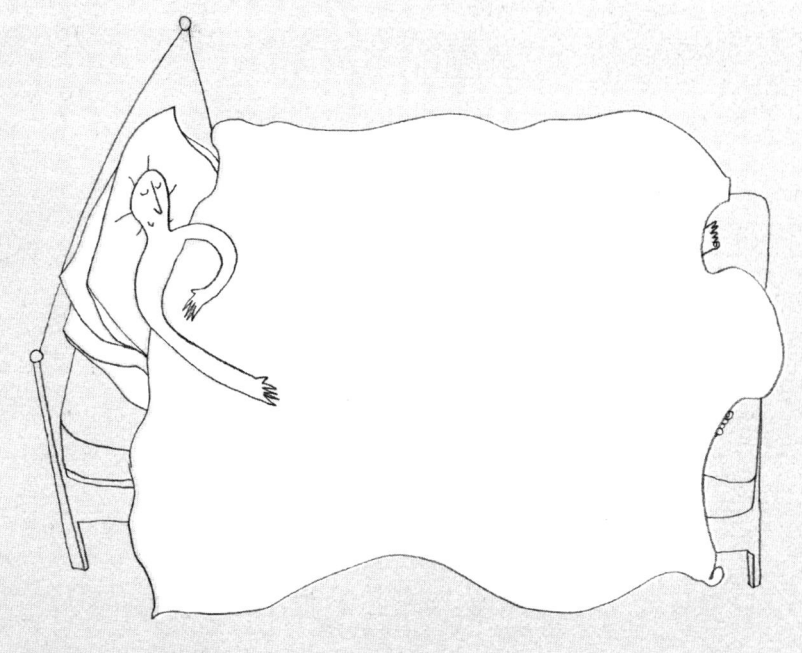

EM VEZ DE PRATICAR YOGA, FAZER UM SUCO OU DAR UMA CORRIDA, DE VEZ EM QUANDO FAÇA... NADA

Logo que você acordar, sentindo-se sonolento, cansado, estressado ou alerta...

Perceba como seu cérebro entra imediatamente em ação: analisando, comentando e dando conselhos. Ao encarar a perspectiva aterrorizante de um novo dia, observe como seus pensamentos entram em velhos padrões conhecidos, lhe dizendo o que precisa ser feito.

APENAS PARE... ESPERE...

Fique na cama e deixe que os sons e as sensações
da manhã lhe perpassem...
Sem pressa, sem objetivo, sem respiração dos chakras.
Apenas... Relaxe...
Você não precisa fazer nada.

IMAGINE QUE SUA CAMA ESTÁ FLUTUANDO
EM UM RIO

LEVANDO VOCÊ
CORRENTEZA ABAIXO

SÓ FIQUE
CONSIGO MESMO

DEIXE SUA MENTE VAGAR.

SE VOCÊ ESPERAR, UMA PEQUENA CENTELHA
DE COMPREENSÃO PODE SURGIR, DANDO-LHE TODO O
DIRECIONAMENTO NECESSÁRIO PARA NAVEGAR PELO DIA.

ESSA É UMA HABILIDADE QUE VOCÊ DESENVOLVE NA PRÁTICA...

E POR FIM VOCÊ APRENDERÁ A DORMEDITAR
EM QUALQUER LUGAR...

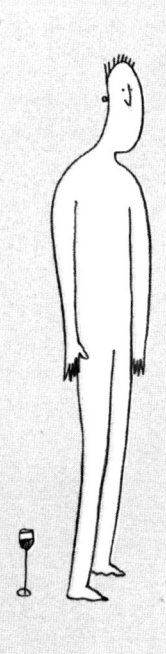

MESMO QUANDO ESTIVER DE PÉ.

3.

DISPENSE
O
"DEVERIA"

ESSA PRÁTICA É BASEADA NA PERCEPÇÃO DE QUE, QUANDO NOS SENTIMOS INFELIZES COM NOSSA VIDA, COM FREQUÊNCIA HÁ UM "DEVERIA" NO MEIO... (EM GERAL UM "DEVERIA" SECRETO).

"EU DEVERIA PRATICAR MAIS EXERCÍCIO"

"EU DEVERIA TER FEITO TUDO DIFERENTE"

"ELE DEVERIA SER MENOS BOBO"

"ELA NÃO DEVERIA TER DITO AQUILO"

"VOCÊ DEVERIA PARAR DE ME CRITICAR"

"EU DEVERIA SER MAIS FELIZ NO TRABALHO"

"A GENTE DEVERIA TER FEITO COMPRAS"

O "DEVERIA" NÃO NOS AJUDA A FICAR MAIS FELIZES, COMO FINGE FAZER. EM VEZ DISSO, COSTUMA FUNCIONAR DE MANEIRA INVERSA.

ISSO OCORRE PORQUE O "DEVERIA" EXISTE PARA PROTEGER NOSSAS CAIXAS...

Bem fechada

PARA QUE ELAS NÃO PRECISEM SER ABERTAS (É POR ISSO QUE ELE É TÃO CONVINCENTE).

VOCÊ SABERÁ SE UMA CRENÇA É UM "DEVERIA" SE ELA LHE CAUSAR IRRITAÇÃO, FRUSTRAÇÃO OU TRISTEZA.

E, TAMBÉM, SE VOCÊ ACREDITAR NELA DE VERDADE.

AO LONGO DA VIDA, VAMOS COLETANDO "DEVERIAS"
ATÉ TERMOS VÁRIOS REBANHOS DELES.

O TERRÍVEL REBANHO DOS "DEVERIAS"

(também conhecido como "sistema de crenças")

Quanto mais "deverias" reunimos, mais julgamos
a nós mesmos e aos outros como insatisfatórios, o que
cria uma pressão constante para tomarmos uma atitude.

Não é de surpreender que os "deverias" dificultem o
ato de relaxar...

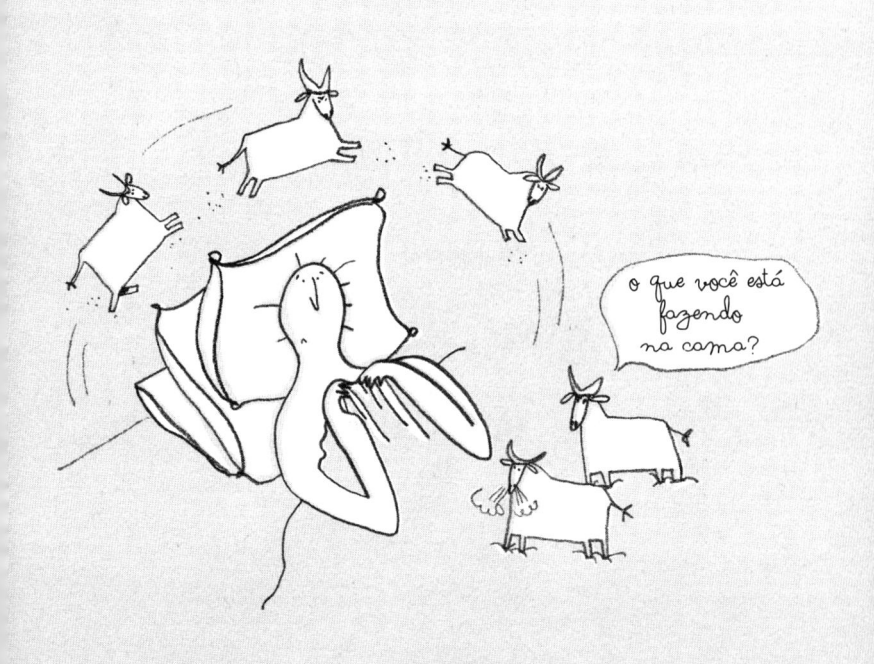

É IMPOSSÍVEL TORNEM DORMEDITAR

MAS EXISTE UM JEITO DE DOMAR ESSAS FERAS OBSTINADAS.

DA PRÓXIMA VEZ QUE VOCÊ FICAR ESTRESSADO POR CAUSA DE SEUS

"DEVERIAS", O MELHOR JEITO DE SE AFASTAR DA

DEBANDADA OPRESSIVA

DE ÓTIMAS OPINIÕES DELES...

é simplesmete NOTÁ-LOS...

(ELES PERDEM O PODER ASSIM QUE SE TORNAM VISÍVEIS).

TOME CONSCIÊNCIA DOS "DEVERIAS" QUE ESTÃO LHE CAUSANDO MAIS ESTRESSE NESTE MOMENTO, SEM SE IMPORTAR SE ELES PARECEM CORRETOS OU RAZOÁVEIS...

(CERTIFIQUE-SE DE INCLUIR "DEVERIAS" PARA VOCÊ E "DEVERIAS" PARA OS OUTROS).

DICA: ALÉM DE "DEVER", VOCÊ PODE USAR "QUERER", "PRECISAR" OU "TER DE", POIS ESSES VERBOS TAMBÉM SÃO INDÍCIOS DE HISTÓRIAS A QUE VOCÊ SE APEGA SOBRE O QUE DEVERIA SER DIFERENTE.

TALVEZ ANOTÁ-LOS LHE SIRVA DE AJUDA...

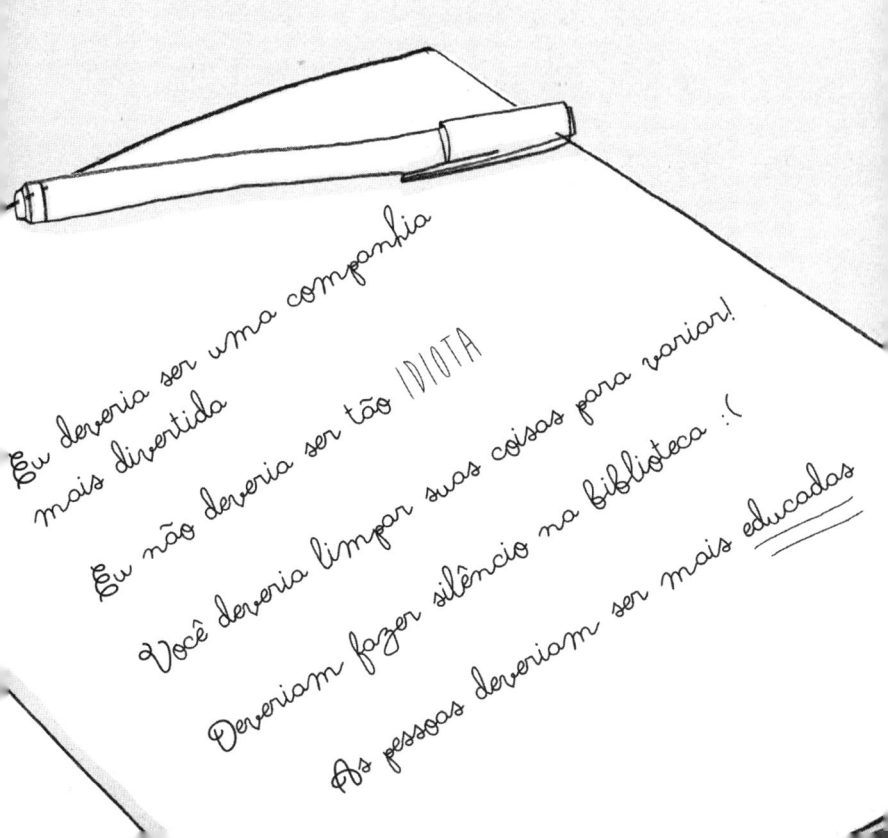

Tente descobrir o sentimento por trás de cada "deveria". Aja como um detetive...

Tente SE PERGUNTAR:

"Por que isso é tão importante?"

"O que seria diferente se isso acontecesse?"

"Qual seria a diferença no modo como você se sente?"

"Isso é verdade mesmo?"

Agora se pergunte: ter esse "deveria" específico me torna mais feliz... ou mais estressado?

NÃO É PRECISO FAZER NADA COM ESSA INFORMAÇÃO.
AO DESABAFAR, VOCÊ ABRE UM ESPACINHO PARA QUE A
GENIALIDADE DO GURU PREGUIÇOSO
SEJA OUVIDA POR CIMA DA ALGAZARRA DOS
"DEVERIAS" ESBRAVEJANTES.

4.

FAÇA A FAXINA

COM O PASSAR DO TEMPO,
AS CAIXAS QUE CRIAMOS COM NOSSOS HÁBITOS E CRENÇAS
TAMBÉM APARECEM SOB A FORMA DE BLOQUEIOS E BAGUNÇA
EM NOSSO AMBIENTE FÍSICO...

AS PONTAS SOLTAS SE ACUMULAM

E, AOS POUCOS, A BAGUNÇA AUMENTA...

LISTA DE
DESEJOS
INFINITA

VOCÊ TEM 315 SOLICITAÇÕES
DE AMIZADE SEM RESPOSTA,
314 E-MAILS NÃO LIDOS E
NENHUMA MEMÓRIA RESTANTE

LIVROS NÃO LIDOS
OU LIDOS PELA
METADE

...CADA VEZ MAIS

TODA ESSA DESORDEM
OBSTRUI O FLUXO
DA INTELIGÊNCIA NATURAL E DAS
PERCEPÇÕES EM NOSSA VIDA.

ELA CONFUNDE NOSSO GURU PREGUIÇOSO INTERIOR
E SUGA NOSSA ENERGIA.

ENTÃO... UM DOS JEITOS MAIS RÁPIDOS DE DESBLOQUEAR NOSSOS PROBLEMAS SEM ESTRESSE É NOS LIVRARMOS DESSE ENTULHO...

(FOTOS, MÚSICA, E-MAILS, APLICATIVOS INUTILIZADOS, CALÇAS QUE VOCÊ NUNCA USARÁ...)

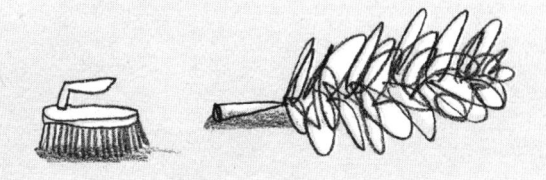

DELETE, JOGUE FORA, DOE, REORGANIZE, LIMPE, LAVE, ARRUME...

AO FAZER ISSO, NOTE COMO NOVAS PERCEPÇÕES E IDEIAS VÊM À SUA MENTE - OU, ÀS VEZES, VELHAS LEMBRANÇAS, IMAGENS E SENTIMENTOS... MESMO ENQUANTO VOCÊ FAZ A FAXINA.

E isso não serve apenas para coisas materiais...

além de dispensar seus "deverias" e arrumar seu quarto,

você precisa limpar regularmente os RESMUNGOS

exagerados do seu estressadinho, que não ajudam em nada.

UM JEITO DE FAZER ISSO É MANTER UM DIÁRIO...
E, TODO DIA, REGISTRAR, OBSERVAR E PÔR PARA FORA
QUALQUER MALUQUICE QUE ESTEJA NA SUA CABEÇA.

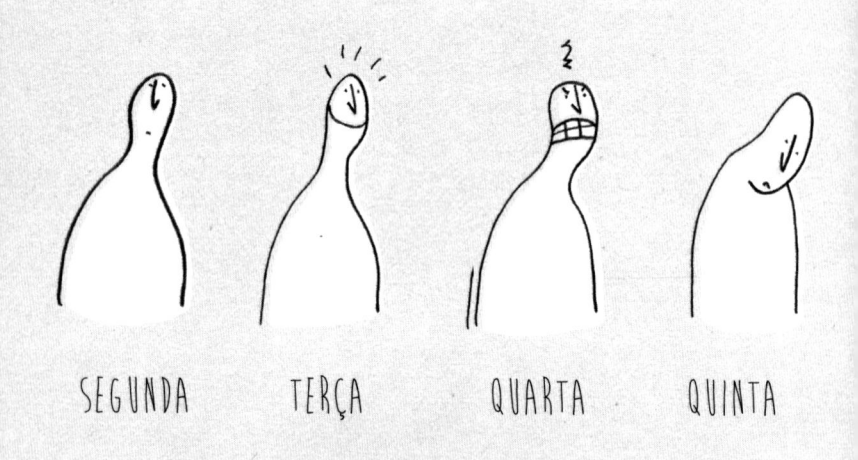

SEGUNDA   TERÇA   QUARTA   QUINTA

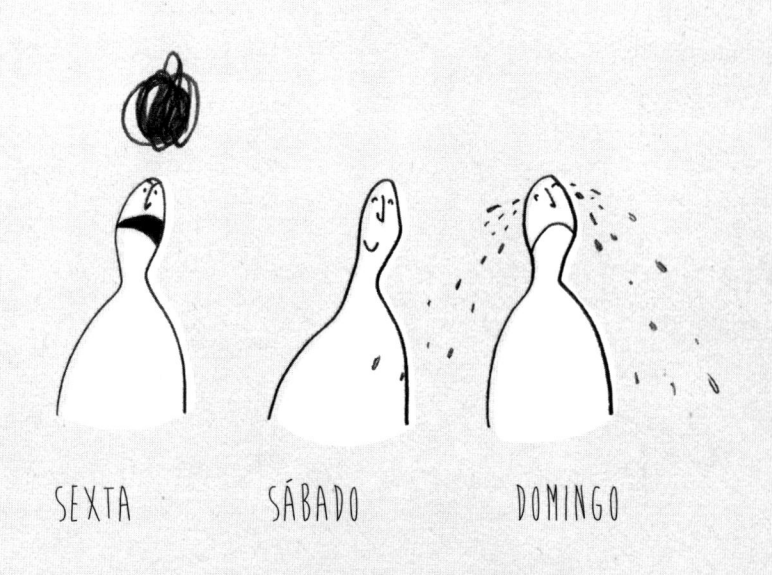

SEXTA   SÁBADO   DOMINGO

OBSERVE COM CARINHO AS BIRRAS E A INSANIDADE DELE

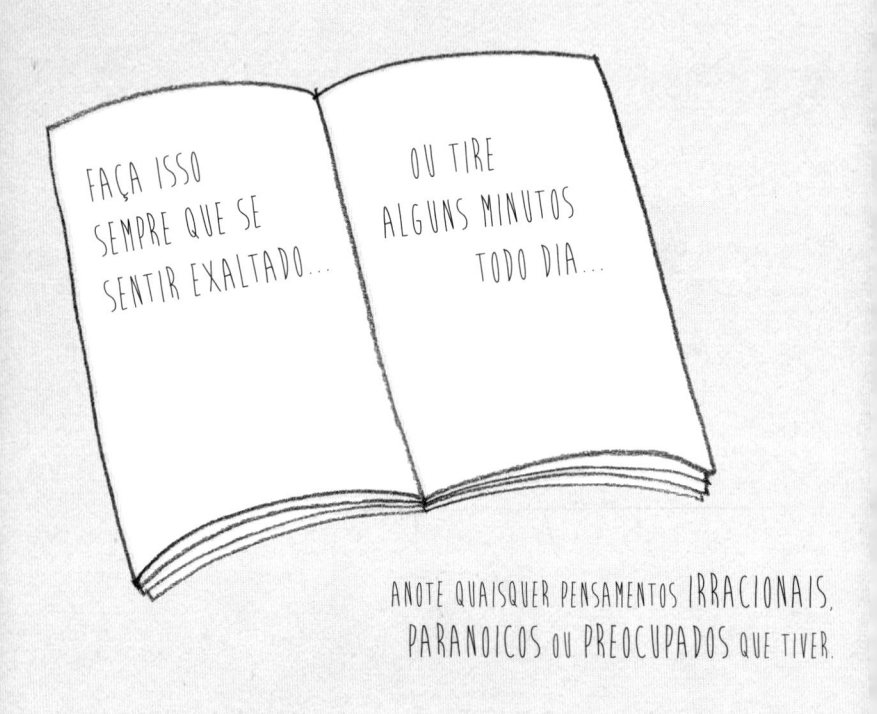

FAÇA ISSO
SEMPRE QUE SE
SENTIR EXALTADO...

OU TIRE
ALGUNS MINUTOS
TODO DIA...

anote quaisquer pensamentos IRRACIONAIS,
PARANOICOS ou PREOCUPADOS que tiver.

NÃO MOSTRE O DIÁRIO A NINGUÉM – A NÃO SER QUE QUEIRA...
(NEM VOCÊ PRECISA LER O QUE ESCREVE)

E VOCÊ SE SENTIRÁ MELHOR...

SEM PRECISAR FAZER NADA.

5. LIBERE A TENSÃO

tensão?
que tensão?

COMO JÁ VIMOS,
NOSSO ESTRESSADINHO INTERIOR É
FÍSICO,
ALÉM DE MENTAL E EMOCIONAL...

NOSSAS "CAIXAS" VIVEM EM NOSSOS CORPOS
SOB A FORMA DE TENSÃO E APERTO.

AS MANEIRAS CLÁSSICAS DE LIBERAR A TENSÃO ENVOLVEM ESFORÇO (OU REMÉDIOS) PARA RELAXAR A MENTE E OS MÚSCULOS... EXERCÍCIO, ÁLCOOL, SEXO, ESPORTES E MÚSICA PODEM SER EFICIENTES A CURTO PRAZO,

MAS RARAMENTE MUDAM A RELAÇÃO UM TANTO COMPLICADA QUE TEMOS COM NOSSAS CAIXAS.

CERTA TENSÃO PERMANECE...

E VOLTAMOS A NOSSOS PADRÕES COSTUMEIROS.

UMA FORMA MAIS EFICAZ DE LIBERAR A TENSÃO É

PARAR, SINTONIZAR-SE, DESAPEGAR-SE...

E ENTÃO SE MEXER (FISICAMENTE)

DE ACORDO COM OS SENTIMENTOS.

TOME CONSCIÊNCIA DO ESTADO EMOCIONAL QUE ESTÁ
MAIS PRESENTE EM VOCÊ AGORA...
MESMO QUE SEJA UM SENTIMENTO
DE QUE VOCÊ NÃO GOSTA

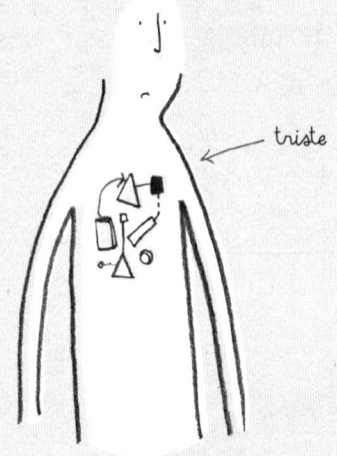

triste

ABRA ESPAÇO PARA ELE. MEXA SEU CORPO.

MEXA-SE DE FORMA A LIBERAR E ABRIR ESPAÇO
PARA ESSE SENTIMENTO.

MEXA-SE.

BALANCE.

FAÇA BARULHO
SE QUISER...

ALONGUE-SE E SIGA SEU CORPO

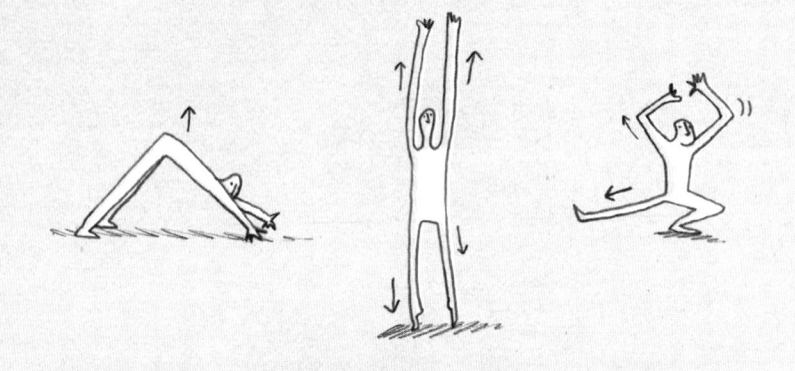

FAÇA ISSO TODO DIA, ASSIM QUE ACORDAR OU
LOGO ANTES DE DORMIR...

E, COM O TEMPO, SUAS CAIXAS
SE SENTIRÃO MAIS À VONTADE
E EM CASA.

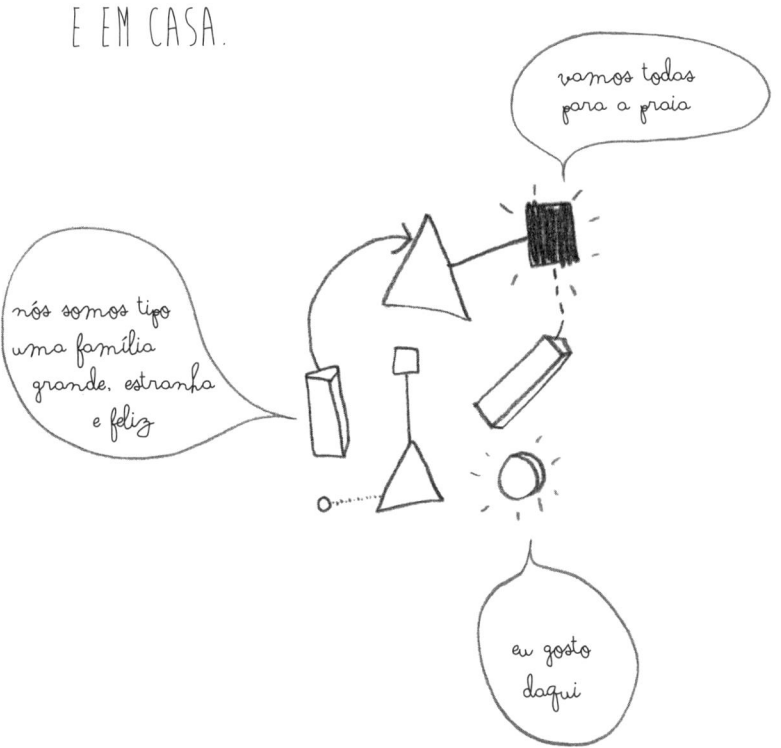

6. ELIMINE AS DISTRAÇÕES

A TAREFA DE DESPERTAR SEU GURU PREGUIÇOSO
É COMPLICADA,

DESCOBRIR TODAS AS CAMADAS LEVA TEMPO...

CADA CAMADA TEM SUA PRÓPRIA HISTÓRIA, SEUS PRÓPRIOS "DEVERIAS", SEUS SENTIMENTOS E SUAS CRENÇAS LIMITADORAS...

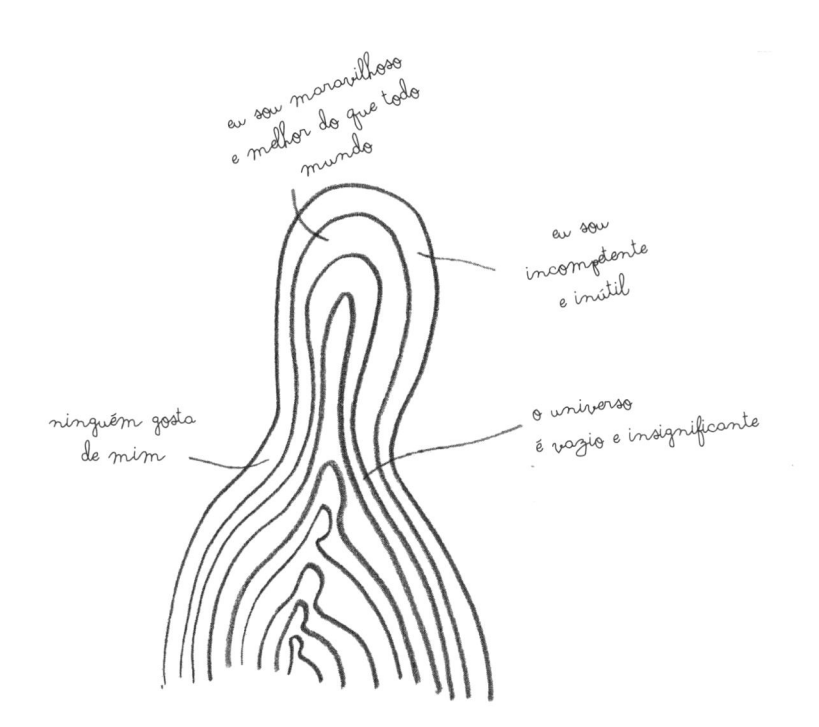

eu sou maravilhoso e melhor do que todo mundo

eu sou incompetente e inútil

ninguém gosta de mim

o universo é vazio e insignificante

QUANDO VOCÊ RELAXAR, ESSAS CAMADAS VIRÃO À TONA E, AOS POUCOS, DESAPARECERÃO.

VOCÊ VERÁ OS PERSONAGENS E AS MÁSCARAS QUE VEM USANDO PARA SE PROTEGER, ASSIM COMO O SEU EU MAIS REAL, NO INTERIOR.

A SENSAÇÃO PODE SER UM POUCO INCÔMODA...

(ÀS VEZES)

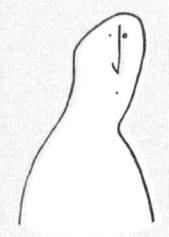

ALGUMAS MENOS SAUDÁVEIS DO QUE OUTRAS.

ESSES HÁBITOS E VÍCIOS NOS MANTÊM EM FUNCIONAMENTO, MAS TAMBÉM IMPEDEM QUE AS PESSOAS SE SINTAM CONFORTÁVEIS COM ELAS MESMAS (E SUAS CAIXAS).

ELES PREENCHEM ESPAÇO.

ENTÃO, QUALQUER DIA DESSES, EXPERIMENTE A SENSAÇÃO DE TENTAR LIBERAR ESPAÇO EM VEZ DE PREENCHÊ-LO...

CIGARRO, BEBIDA, CAFÉ, CHOCOLATE, BOMBONS, TV, MENSAGENS INSTANTÂNEAS, REDES SOCIAIS, RABISCOS, PENSAMENTOS, FOFOCAS, LAMÚRIAS, RECLAMAÇÕES, COMPRAS, EXERCÍCIOS FÍSICOS OBSESSIVOS, TRABALHO EM EXCESSO, MENSAGENS DE TEXTO, SEXO VIRTUAL, LEITURA, ESCRITA, SEXO COM ESTRANHOS, LIMPEZA DO CARRO, FALATÓRIO INTERMINÁVEL AO TELEFONE...

ELIMINE AS DISTRAÇÕES

REMOVA OS APOIOS... MESMO QUE APENAS POR UM OU DOIS DIAS DE CADA VEZ: DEIXE-SE SEM NADA EM QUE SE SUSTENTAR, NADA PARA ESCONDER AS RACHADURAS.

você com você

SÓ VOCÊ PODE SABER SE ESSAS COISAS
SÃO ATIVIDADES SAUDÁVEIS E IMPORTANTES
OU DISTRAÇÕES ARDILOSAS
PARA EVITAR ESTAR CONSIGO MESMO
E COM O TRABALHO QUE PRECISA SER FEITO.

SEJA GENTIL... NÃO SE JULGUE.
FAÇA UMA TENTATIVA... ENCARE UM DIA DE CADA VEZ

E VEJA O QUE ACONTECE.

7. COMUNIQUE-SE

ESTRANHAMENTE, TEMOS MUITA DIFICULDADE EM FALAR SINCERAMENTE COM OS OUTROS sobre como nos sentimos. No entanto, essa é uma das formas mais eficazes para solucionar conflitos e entrar em CONEXÃO com nosso guru preguiçoso.

ISSO COMEÇA A FAZER SENTIDO QUANDO VOCÊ ENTENDE O
PRINCÍPIO FINAL DO GURU PREGUIÇOZISMO:
QUE TODOS AO SEU REDOR
SÃO UM REFLEXO
EXATO DE VOCÊ.

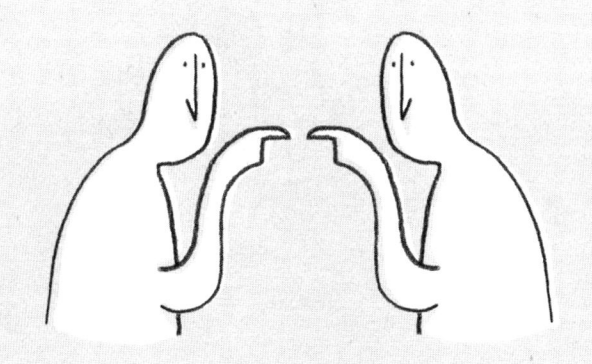

TODOS têm medos, inseguranças e sentimentos IGUAIS -
mas eles se manifestam de maneiras diferentes,
em caixas distintas e com "deverias" diferentes...

em geral, do jeito CERTO para
provocar os seus!

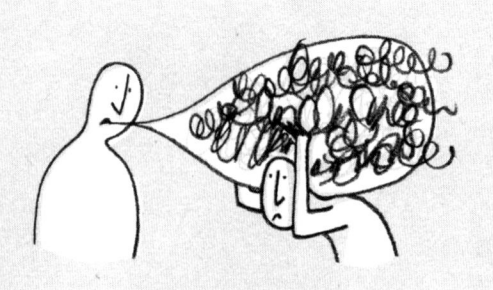

POR ISSO,

UMA DAS MELHORES FORMAS DE LIDAR COM O ESTRESSE DOS OUTROS É FALAR SOBRE O QUE ESTÁ ACONTECENDO COM O SEU PRÓPRIO.

EXPLIQUE COM CUIDADO

O QUE ESTÁ OCORRENDO EM SEU MUNDO INTERIOR, SEM CULPAR OU ACUSAR - APENAS DESCREVA SUA EXPERIÊNCIA PASSO A PASSO.

NÃO PREGUIÇOSO

CULPANDO
DESCARREGANDO
EXIGINDO

REAGINDO
LEVANDO PARA O LADO PESSOAL
DEFENDENDO

PREGUIÇOSO

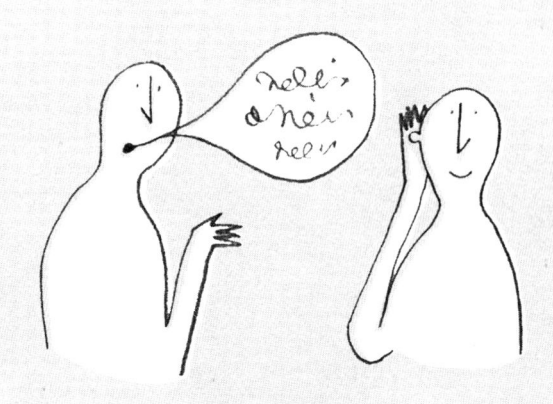

COMPARTILHANDO
DESCREVENDO
SE RESPONSABILIZANDO

OUVINDO
ESPERANDO
RESPONDENDO

pode parecer AMEDRONTADOR no começo,
mas isso irá DESARMAR A TENSÃO e criar CONFIANÇA...

nem SEMPRE é a coisa certa a se fazer: mas, quando enfrentar
seus medos e SE ABRIR, você se surpreenderá com o
PODER que isso pode ter.

ENTÃO PARE, ENTRE EM SINTONIA, DESAPEGUE...
E AÍ DECIDA SE ESTÁ
PRONTO PARA DIVIDIR O QUE ESTÁ
SENTINDO E PENSANDO.

POR FIM...

NÃO IMPORTA QUAL DESSAS PRÁTICAS VOCÊ TENTAR, NO FIM DAS CONTAS TUDO SE RESUME A RESPIRAR; A RESPIRAÇÃO É O FLUXO VIVO EM NOSSOS CORPOS E SENTIMENTOS.

ENTÃO, A QUALQUER HORA, QUER VOCÊ SE SINTA LOUCO OU CALMO...

LEMBRE-SE DE RESPIRAR

CAPÍTULO 6

UMA ÚLTIMA PALAVRA

AO SE TORNAR MELHOR EM
ABRIR ESPAÇO PARA SI PRÓPRIO,

VOCÊ PERCEBERÁ QUE TODA SITUAÇÃO
E TODO RELACIONAMENTO TÊM UMA VIDA PRÓPRIA
QUE NÃO PRECISA DA SUA PREOCUPAÇÃO NEM DO SEU ESTRESSE
PARA DAR CERTO.

pode ser um projeto, uma tarefa, uma parceria ou uma ideia criativa, TUDO neste mundo contém a informação de que precisa para crescer e se desenvolver PERFEITAMENTE por conta própria.

e quanto menos você tentar CONTROLAR...

MELHOR SERÁ O RESULTADO

ÀS VEZES VAI PARECER MÁGICA.

ÀS VEZES SERÁ PRECISO TRABALHAR MAIS.

VOCÊ PASSARÁ A ENCONTRAR INDÍCIOS

DISSO EM TODO LUGAR...

E COMEÇARÁ A ENTENDER

COMO ESTE MUNDO PODERIA SER...

SE TODOS ESTIVESSEM EM CONTATO COM SEU GURU PREGUIÇOSO INTERIOR...

ENTÃO VÁ EM FRENTE E FAÇA MENOS...

vocé

E QUE O GURU PREGUIÇOSO ESTEJA COM VOCÊ.

O GURU PREGUIÇOSO GOSTARIA DE AGRADECER ÀS SEGUINTES PESSOAS PELA INSPIRAÇÃO E PELA AJUDA AO LONGO DO CAMINHO...

CRISPIN JAMESON, MISCHA FRANKEL, LAURENCE LASSALLE, CHARLES DAVIES, FRANKI ANDERSON, NORINA DIXON, JIM DRENNAN, JAMES HURST, GILL MORGAN, CAROLINE WARD, JANE SAISSENIE, HADRIEN MICHELL, ODETTE MICHELL, ROWAN DELLAL, ADAM CAROLL, SIMON CONFINO, THOMAS VAN BERKEL, ADAM TAFFLER, MATTHEW SHORTER, CHARLIE CANNON, SOPHIE CAMU, SAMUEL VOUGA, SIMON MYERS, DAVID BOND, GORDON WISE...

... E AO GURU PREGUIÇOSO ORIGINAL, SATYANANDA (BERNARDO LISCHINSKY).

Este livro foi composto nas tipologias Soymilk e Brain Flower
e impresso em papel Offset 90 g/m² na Intergraf.